kosmos

Hackbarth
Krankheiten der
Reptilien

Rolf Hackbarth

Krankheiten der Reptilien

Vermeiden · Erkennen Behandeln

Franckh-Kosmos

53 Farbfotos von R. Hackbarth (35) und B. Kahl (18), 5 Schwarzweiß-Fotos von R. Hackbarth und 15 Schwarzweißzeichnungen von M. Golte-Bechtle (5), W. Weiss (6) und aus dem Archiv (2).

Umschlaggestaltung von Atelier Reichert, Stuttgart, unter Verwendung einer Farbaufnahme von Burkard Kahl. Das Bild zeigt einen Goldstaub-Taggecko (*Phelsuma laticauda*).

Die Deutsche Bibliothek –
CIP-Einheitsaufnahme

Hackbarth, Rolf:
Krankheiten der Reptilien : Vermeiden – Erkennen – Behandeln / Rolf Hackbarth. – 2. Aufl. – Stuttgart : Franckh-Kosmos, 1992
ISBN 3-440-06560-X

Bild Seite 2. Halsbandleguane oder Kugelechsen (*Crotaphytus collaris*) brauchen genügend Bewegungsfreiheit und abwechslungsreiche Nahrung, um so gesund und gut ausgefärbt auszusehen! Im Bild vorn das grün gefärbte Männchen, hinten das braun-graue Weibchen. Aufnahme B. Kahl

2. Auflage, 1992
© 1985, 1992, Franckh-Kosmos Verlags-GmbH & Co., Stuttgart
Alle Rechte vorbehalten
ISBN 3-440-06560-X
Printed in Germany / Imprimé en Allemagne
Satz: G. Müller, Heilbronn
Druck und Binden: Westermann Druck Zwickau GmbH

Krankheiten der Reptilien

6

Vorwort

In den letzten Jahren ist das Interesse an der Haltung von Reptilien beträchtlich gestiegen. Das ist erfreulich, wenn sich diese Liebhaberei auf dem Wunsch aufbaut, die oft wenig beachteten und meist mit großen Vorurteilen belasteten Kriechtiere besser kennen- und verstehenzulernen, sie zu schützen und zu erhalten. Weniger erfreulich ist es dagegen, wenn es sich lediglich darum handelt, ein „exotisches" und etwas ausgefallenes Hobby zu haben!

Durch die fortschreitende Zerstörung ihrer Lebensräume sind die Reptilien im In- und Ausland vom Aussterben bedroht, und die meisten noch vorhandenen Arten stehen unter Naturschutz oder unterliegen mehr oder weniger strengen Im- bzw. Exportbeschränkungen (Washingtoner Artenschutzabkommen). Um so wichtiger ist es daher, die noch erhältlichen Arten zu schützen und wenn möglich sogar nachzuzüchten.

Grundvoraussetzungen dafür sind ausreichende Vorkenntnisse, die eine artgerechte Unterbringung, sorgfältige Pflege, rechtzeitiges Erkennen und gezieltes Behandeln von Erkrankungen ermöglichen.

Über die Haltung von Reptilien gibt es viele Bücher; anders sieht es dagegen mit populären Werken über Reptilienkrankheiten aus. Unser Buch soll dazu beitragen, diese Lücke zu schließen und dem ratlosen Reptilienhalter eine Hilfe bei der Pflege seiner Tiere zu sein. Selbstverständlich erheben unsere gegenwärtigen Kenntnisse über die Krankheiten der Schildkröten, Schlangen und Echsen nicht den Anspruch auf Vollständigkeit, doch hat die Wissenschaft und Forschung gerade auf diesem Sektor seit dem letzten Jahrzehnt große Fortschritte gemacht, so daß viele Verluste vermieden und zahlreiche Krankheiten wirkungsvoll behandelt werden können.

An dieser Stelle möchte ich mich besonders herzlich bei Herrn Dr. Raethel, Herrn und Frau Dr. Gerber und vielen anderen bedanken, die mir mit ihrem Wissen auf den Gebieten der Parasitologie, Mykologie und Pathologie hilfreich zur Seite standen. Mein Dank gilt vor allem dem verstorbenen Prof. Dr. Mertens, der mir seinerzeit den nötigen Mut gab, auf dem relativ wenig bekannten und oft mit Rückschlägen versehenen Gebiet der Erforschung und Behandlung von Reptilienkrankheiten weiterzumachen.

Berlin 1985   *Rolf Hackbarth*

Die Anschaffung eines Reptils

Vor der Anschaffung eines oder mehrerer Reptilien sollte man sich über einige Dinge genau im klaren sein, um unangenehme Überraschungen soweit wie möglich zu vermeiden.

So sollten z.B. alle anderen Familienmitglieder und eventuell auch der Vermieter rechtzeitig befragt werden, ob sie etwas gegen die Haltung von Reptilien – vor allem von Schlangen – einzuwenden haben. Nichts ist unangenehmer für den Tierhalter wie auch für das Tier selbst, als einen bereits getätigten Kauf wieder rückgängig zu machen.

Bevor man sich für eine bestimmte Reptilienart entschließt, sollte man sich unbedingt anhand von Literatur und durch Befragen bereits erfahrener Reptilienhalter über die Lebens- und Verhaltensweise des betreffenden Tieres informieren: Wieviel Platz benötigt das Tier (nicht nur als Jungtier, sondern auch in ausgewachsenem Stadium)? Was und wieviel frißt es, und kann man ihm auch das ganze Jahr über optimale, abwechslungsreiche Nahrung anbieten? Ist das Tier ein Einzelgänger oder sollte es vergesellschaftet werden?

Bild 1. Diese Winkelkopfagame zeigt ein ausgesprochen lebendiges Verhalten, und auch die klaren Augen und das saubere Maul deuten auf eine optimale Haltung hin. Aufnahme B. Kahl

Mit welchen anderen Arten läßt es sich ggf. vergesellschaften? Wie muß das Terrarium eingerichtet werden, damit das Tier artgerecht untergebracht ist? Sind all diese Fragen beantwortet, das Terrarium aufgestellt und eingerichtet, kommt der nächste Schritt: der Erwerb des oder der Insassen. Nehmen Sie zu diesem Zweck auf jeden Fall ein genügend großes Leinensäckchen und eventuell noch eine Styroporkiste zum sicheren Transport des erworbenen Tieres mit. Styroporkisten sind besonders gut geeignet, da sie sich aufwärmen lassen und die Wärme auch einige Zeit halten.

Sollte der Heimtransport über eine längere Wegstrecke gehen und zudem bei kühlerem Wetter erfolgen, benötigt man auf jeden Fall eine solche Styroporkiste, in die man noch eine Wärmflasche einlegt, so daß für gleichbleibende Wärme gesorgt ist. Und hier stellt sich schon die nächste Frage:

Woran erkenne ich ein gesundes Tier?

Ein gesundes Reptil zeichnet sich aus durch:
– Saubere, leicht glänzende, trockene Haut ohne Pusteln, Geschwüre,

nässende Wunden oder Reste alter Häutungen.
— Einen gut bemuskelten Körper ohne sichtbare Wirbel, Beckenknochen oder Rippen.
— Straffe, gut genährte Gliedmaßen mit glatten Krallen (Haut in den Beinhöhlen prall).
— Straffe Schwanzwurzel.
— Eine Maulspalte, die frei von Verletzungen oder Hautwucherungen ist.
— Mundschleimhäute ohne Belag und Verletzungen.
— Saubere, unverklebte, offene Nasenöffnungen und Augen.
— Eine saubere, geschlossene Kloakenöffnung, die nicht von Kot oder Schleim verschmiert ist.
— (Bei Schildkröten) einen harten, regelmäßig geformten Panzer ohne Hornabschilferungen oder Eindellungen.
— Eifriges Züngeln.

Die Behauptung mancher Händler, zahme Reptilien züngelten nicht, ist unrichtig, denn Reptilien sind zur Wahrnehmung und Erkennung ihrer Umgebung auf das Züngeln angewiesen. Jedes Reptil, auch wenn es an den Menschen gewöhnt ist, züngelt lebhaft, sobald sich in seiner Umgebung irgend etwas verändert. Reptilien, die bei Bewegungen nicht züngeln, sind nicht gesund. Es empfiehlt sich, das Reptil vom Händler aus dem Terrarium nehmen zu lassen und sich das Tier genauer aus der Nähe zu betrachten und vor allem die Schuppen am Bauch, die Hautfalten an den inneren Oberschenkeln, die Achselhöhlen, Augen, Ohrenöffnungen und Halsfalten genauer auf Zecken oder Milben zu untersuchen.

Durch den Händler sollte man auch die Lebhaftigkeit und Beweglichkeit des Tieres testen: Schildkröten ziehen bei Berührung Kopf und Gliedmaßen relativ schnell zum Schutz in den Panzer ein. Eine auf den Rücken gelegte Echse wird sich flink und kräftig in ihre natürliche Haltung zu drehen versuchen. Eine Ausnahme bilden diejenigen Arten, die sich zum Zwecke der Abwehr totstellen. Diese ,,Totenstarre'' läßt nach einiger Zeit wieder nach.

Im Gegensatz dazu sind erkrankte Reptilien vielfach abgemagert und zeigen hervorstehende Wirbel, Beckenknochen und Rippen, durch Muskelschwund verursachte Hungerfalten an den hinteren Bauchseiten, den Oberschenkeln und am Hals, die Schwanzwurzelregion wirkt stark eingefallen, die Augen liegen tief in ihren Höhlen und sind meist geschlossen. Ein solcher Todeskandidat riskiert zwar bei Berührung einmal einen traurigen Blick, pflegt aber beim Hochnehmen allenfalls träge mit den Extremitäten zu rudern, zeigt jedoch wenig Neigung zur Abwehr oder Flucht. Ebenfalls ist dringend vom Kauf abzuraten, wenn an der Mundschleimhaut oder den Zahnreihen käsige Beläge sichtbar sind (Mundfäule), das Tier ständig pfeifende oder

Bild 2.   Diese Schlange trägt zwar eine Narbe auf ihrem Rücken, ist sonst aber sehr gesund und lebhaft. Als Pfleger eines solchen Tieres muß man allerdings darauf achten, daß die vernarbten Stellen auch gut aushäuten, damit keine weitere Schädigungen entstehen können. Aufnahme B. Kahl

rasselnde Atemgeräusche von sich gibt, Augen und Nasenöffnungen schleimig oder gar eitrig verklebt sind oder Schaumbläschen vor den Nasenlöchern stehen, die Kloake verschmiert, unvollständig verschlossen und von rosa Haut umgeben ist (Darmvorfall), die Haut Pusteln, Geschwüre oder nässende oder eitrige Wunden aufweist und wenn man im Terrarium erbrochene, halbverdaute Nahrung oder breiigen, übelriechenden Kot

sieht. Tiere, die in einem solchen Zustand sind, überstehen die neuerlichen Strapazen eines Transportes und Umsetzens in ein anderes Terrarium nur selten.

Es soll aus vielen Erfahrungen erwähnt sein, daß makellose Reptilien in den allerwenigsten Fällen erworben werden können. Es gibt unter ihnen Arten, die schon bei vorsichtigem Berühren Hautläsionen bekommen. Kleine, verschorfte Wunden, leicht lädierte Nasen und alte, verheilte Verletzungen, wenn sie das Tier in seiner Bewegung nicht zu sehr behindern, müssen nicht vom Kauf abschrecken.

Ein gewisses Risiko beim Reptilienkauf besteht darin, daß sich das Freßverhalten nicht innerhalb kurzer Zeit bei vielen Arten beobachten läßt, weil es unter ihnen ausgesprochene Hungerkünstler gibt, so daß man erst nach mehrtägiger oder -wöchiger Heimpflege wissen kann, ob der betreffende Pflegling futterfest ist.

Beim Erwerb sogenannter Wildfänge (Reptilien, die in ihren Ursprungsländern gefangen und importiert werden) sind selbstverständlich die Risiken einer Eingewöhnung wesentlich höher als bei Tieren, die aus einer Zucht oder Pflege anderer Liebhaber stammen. Anfängern der Reptilienliebhaberei sei geraten, wenn möglich nicht mit importierten Tieren zu beginnen, sondern sich um Nachzuchten aus privater Hand zu bemühen. Hier helfen ihm die Verkaufsanzeigen und Angebote in diversen herpetologischen Zeitschriften, in denen private Reptilienpfleger eingesessene Tiere anbieten. Doch auch beim Kauf aus privater Hand sollte man die Tiere genau auf ihren Gesundheitszustand untersuchen. Abgesehen davon, daß durch mangelnde Kenntnisse und Unachtsamkeit im Umgang mit solchen Neuerwerbungen Verletzungen durch Bisse (die bei evtl. nicht erkannten giftigen Reptilien auch große Komplikationen und Gefahren verursachen) davongetragen werden können, stellen sich oft noch viele andere ungeahnte Schwierigkeiten ein. Diese Tiere sind durch Fang und Transport geschwächt und verstört, durch neue Umgebungen, Gefangenschaft und andere Einflüsse manchmal scheu und apathisch, andere wiederum aggressiv und bissig. Diese Tiere benötigen sehr viel mehr Geduld, intensive und einfühlsame Pflege, aufmerksame Beobachtung und viel Erfahrung.

Endlich ist es soweit: Sie tauschen den Neuerwerb — im Leinensäckchen sorgfältig zugeschnürt — gegen Bargeld oder einen Scheck ein und sind im Begriff, den Heimweg anzutreten. Stop! Schon hier kann durch Unachtsamkeit Schlimmes entstehen. Falls Sie keine Styroporkiste zur Hand hatten, achten Sie darauf, daß das Leinensäckchen samt Inhalt geschützt vor Kälte, Zugluft und großer Hitze auf dem schnellstmöglichen Weg nach Hause befördert wird. Achten Sie auch darauf, falls Sie mit dem Pkw unterwegs sind, daß keine schweren Gegenstände auf das Säckchen gestellt oder gelegt werden oder eventuell darauffallen können. Das ist kein Witz, sondern leider schon viel zu oft geschehen!

Zu Hause angekommen, ist es ratsam, das Tier oder die Tiere nicht sofort in das neu eingerichtete Terrarium einzusetzen, sondern zur Beobachtung und Kontrolle auf etwaige nicht erkannte Erkrankungen 4—8 Wochen in einem Quarantänebecken zu halten. Diese Maßnahme trifft auf jeden Fall zu, wenn man zu bereits vorhandenen Tieren neue hinzugekauft hat oder wenn es sich bei dem Kauf um importierte Tiere handelt. Vor dem Einsetzen ins Quarantänebecken sollte man das

Bild 3 a. Quarantänebecken mit Bodenheizung

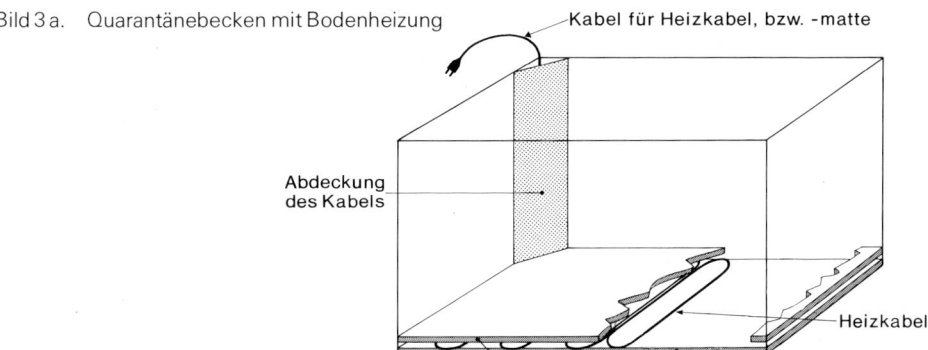

Kabel für Heizkabel, bzw. -matte

Abdeckung
des Kabels

Heizkabel

Preßspanplatten

neuerworbene Tier in ca. 30°C warmem Wasser baden. Da die Neuzugänge meist nicht gerade freiwillig baden wollen, muß man das Wassergefäß mit einem luftdurchlässigen und durch einen Stein beschwerten Deckel verschließen. Der Wasserstand darf nur so hoch sein, daß das Tier bequem mit dem Kopf herausschauen kann. Kleineren Reptilien und Schlangen legt man am besten einen rauhen Stein in das Badegefäß, an dem sie Halt finden oder ihren Kopf aus dem Wasser heben können.

Das Quarantänebecken

Ein Quarantänebecken sollte übersichtlich und fast steril, jedoch zweckmäßig eingerichtet sein und sich leicht und gut reinigen und desinfizieren lassen. Am besten geeignet sind fast quadratische Becken aus Glas oder Kunststoff, wobei Kunststoffbecken zwar billiger sind, im Laufe der Zeit jedoch durch die Anwendung der Desinfektionsmittel trübe werden und unschön aussehen.

Das Becken wird am besten mit Zeitungspapier ausgelegt, das sehr saugfähig und leicht zu wechseln ist.

Als Heizquelle dient entweder ein Heizkabel oder eine Heizmatte, die man zwischen zwei dünne Preßspanplatten, die mit Kunststoff oder Stahlblech beschichtet sind, verlegt und deren Kabel entlang einer Ecke des Behälters herausführen (gut geschützt durch eine Abdeckleiste aus Holz oder Blech) oder ein Wärmestrahler, der an der Abdeckung des Behälters befestigt wird. Zu der spartanischen Inneneinrichtung gehört eine Tonpfanne, unter die sich das Reptil bei Bedarf zurückziehen kann. Ein Trinkgefäß und eventuell ein ausreichend großes Badebecken vervollständigen die Ausstattung.

13

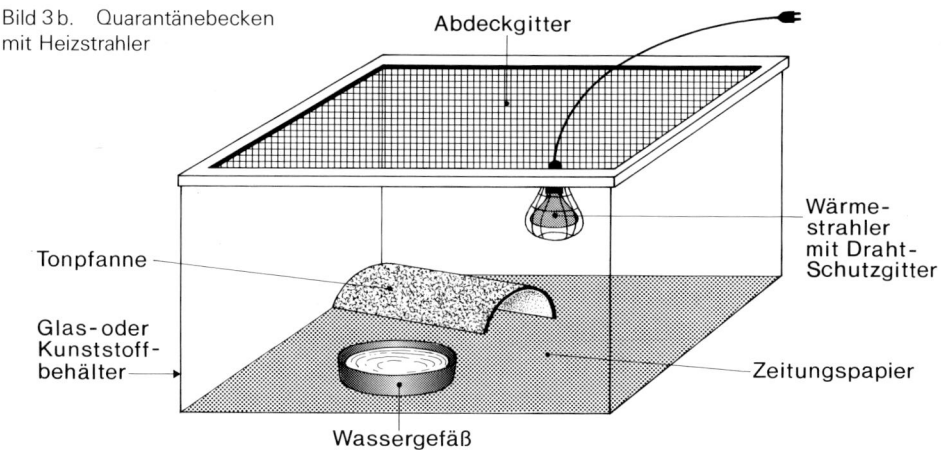

Bild 3 b. Quarantänebecken mit Heizstrahler

Abdeckgitter

Wärme-strahler mit Draht-Schutzgitter

Tonpfanne

Glas- oder Kunststoff-behälter

Zeitungspapier

Wassergefäß

Die Pflege von Reptilien

Ausschlaggebend für die Gesunderhaltung der in Gefangenschaft gehaltenen Reptilien sind sorgfältige Pflege, artgerechte Unterbringung, abwechslungsreiche Nahrung und peinliche Sauberkeit.

Artgerechte Unterbringung

Zur artgerechten Unterbringung gehört das Wissen um den natürlichen Lebensraum und die Lebensweise des erworbenen Tieres.
Große Tiere und Tiere, die sehr aktiv

sind, benötigen ein Terrarium mit großer Bodenfläche; kletternde Arten sollten in einem hochformatigen Terrarium gehalten werden; wasserliebende Reptilien brauchen eine ausreichend große Bademöglichkeit, trockenheitliebende Sandboden zum eventuellen Einwühlen und „felsiges" Gelände. Tiere, die in freier Natur in abwechslungsreichen Biotopen vorkommen, müssen auch im Terrarium die Wahl zwischen trockenen und feuchten Stellen, wärmeren und kühleren Ecken, Freiraum und Unterschlupfmöglichkeiten haben. Den Reptilien, die sich in

Bäumen und Sträuchern aufhalten, sollte man ausreichend pflanzliches Material zur Inneneinrichtung des Terrariums bieten, so daß die Tiere im Blattwerk genügend Tarnung finden und sich auch einen bequemen Ruhe- oder Schlafplatz auswählen können.

Ernährung

Bei der Ernährung in Gefangenschaft gehaltener Reptilien beginnen bereits die Fehler, die später oft zum Tode der Tiere führen. So versorgt man die Reptilien häufig mit viel zuviel Futter, so daß Krankheiten geradezu provoziert werden, die es im Wildleben dieser Tiere selten oder gar nicht gibt. Man sollte sich einmal vor Augen halten, wie schwer es z. B. ein Gecko in seiner natürlichen Umgebung hat, ein erblicktes Insekt zu erbeuten. Nicht selten fliegt oder springt die erkorene Mahlzeit rechtzeitig davon, und der Gecko hat das Nachsehen. Wie oft verfehlt eine Pythonschlange den begehrten Säuger oder Vogel, den sie dringend zum Sattwerden benötigte. Wie lange muß eine Wasserschildkröte warten, bis endlich ein Fisch in erreichbarer Nähe schwimmt und sich dann noch schnappen läßt! Nicht umsonst vermögen gerade Reptilien extremere Fastenperioden durchzustehen als andere Wirbeltiere und Säuger. Vor allem Schlangen sind als besondere „Hun-

Bild 4. Ein in Gefangenschaft gehaltenes Reptil sollte hin und wieder auch Lebendfutter zu fressen bekommen, achten Sie beim Fang der Futtertiere aber darauf, daß die Wiese oder der Wegrain nicht gerade gespritzt wurden oder direkt an einer verkehrsreichen Straße liegen. Reptilien reagieren oft sehr empfindlich auf Schadstoffe, die sie mit dem Lebendfutter aufnahmen. Aufnahme B. Kahl

gerkünstler" bekannt. Fastenzeiten von einem halben Jahr und mehr sind bei ihnen keine Seltenheit. Im Terrarium nun können die Futtertiere nicht davonlaufen oder -fliegen, und die Reptilien verfetten schnell. Der vernünftige Pfleger verordnet deshalb seinen Schützlingen hin und wieder eine „Fastenzeit". Diese muß nicht in regelmäßigen Abständen erfolgen; Unregelmäßigkeit kann in dieser Beziehung nicht schaden. Die Tiere können sich nicht überfressen und müssen von ih-

15

ren Reserven zehren — zudem lassen sich futterarme Zeiten, wie etwa die Wintermonate, viel besser überbrücken. Diese Fastenzeiten haben aber nur dann einen Sinn, wenn das Futterangebot in der übrigen Zeit recht abwechslungsreich gestaltet wird. Sie können dann aber auch ruhigen Gewissens 3—4 Wochen im Urlaub verbringen, ohne daß die Reptilien an Hungersnot zugrunde gehen. Der Verfasser praktiziert das schon seit vielen Jahren mit Erfolg, und seine Reptilien waren nach der Rückkehr stets bei bester Gesundheit. Doch muß vor allem in dieser Zeit auf sorgfältige Versorgung mit stets frischem Wasser geachtet werden, besonders bei den Arten, die das nasse Element oft oder ständig benötigen.

Woher bezieht man nun abwechslungsreiches Futter, wird nun Ihre Frage lauten. Und was bedeutet „abwechslungsreich" für die einzelnen Reptilien?

Nun, abgesehen von den sogenannten Nahrungsspezialisten, z. B. der Krötenechse, deren Nahrung zum größten Teil aus Ameisen besteht, oder Schlangen, die zum Großteil nur Reptilien fressen (solche Spezies sollten deshalb nur von erfahrenen Liebhabern gepflegt werden!), bringt schon das Futterangebot der Zoohändler Abwechslung in den Speiseplan unserer Reptilien. Fragen Sie schon beim Kauf Ihren Händler, inwieweit er Ihnen mit abwechslungsreichen Futterangeboten dienlich sein kann. Erkundigen Sie sich auch, ob diese Futterangebote das ganze Jahr über zu erwerben sind. Es gibt aber auch Futtertier-Züchter, die sich besonders auf Reptiliennahrung spezialisiert haben und diese auch das ganze Jahr über anbieten. Wenn Sie jedoch im Keller oder irgendwo anders

Bild 5. Reptilien, die sich in freier Natur von Kleinsäugern, Vögeln und Vogeleiern ernähren, sollten diese Nahrung — zumindest hin und wieder — auch in Gefangenschaft angeboten bekommen. Dieser Goulds Waran (*Varanus gouldii*) frißt mit Begeisterung Jungmäuse. Aufnahme B. Kahl

eine Ecke zur Verfügung haben und darüber hinaus über die notwendige Freizeit verfügen, bietet sich das Züchten der hauptsächlichen Nahrung in eigener Regie an. Das Wort „hauptsächlich" wurde bewußt erwähnt. Man kann nicht die ganze Palette tierischer Nahrung, die der Speiseplan — womöglich noch mehrerer verschiedener Reptilienarten — enthält, selber züchten, da die verschiedenen Futtertierzuchten relativ viel Platz und Pflegeaufwand benötigen.

Nun kommen wir aber gleich zu einem anderen Punkt: Besteht die Nahrung einer Reptilienart z.B. zum überwiegenden Teil aus vegetarischer Kost, so soll das nicht bedeuten, daß nur Salatblätter (vorher gut waschen und abtrocknen!) ausreichend wären. Nein, die Speisekarte reicht von Löwenzahn, Kleeblättern, Sauerampfer, Tomaten, Gurkenscheiben über Erdbeeren, Bananen bis zu Äpfeln und anderen Obstsorten. Aber auch Insekten, Kleinsäuger und Fleischstückchen werden von diesen Tieren gerne verspeist — und auch benötigt. Das gleiche gilt für Reptilien, die in der Hauptsache tierische Nahrung zu sich nehmen. Nur Mäuse oder Mehlwürmer sind auch hier nicht angebracht. In den warmen Monaten kann man diese einseitige Kost ohne Schwierigkeiten durch das reichhaltige Angebot der Natur an Regenwürmern, Raupen, Spinnen, Wiesenplankton usw. völlig kostenlos ergänzen. Achten Sie jedoch darauf, daß z.B. das Wiesenplankton nicht von Wiesen kommt, die gerade gedüngt oder mit irgendeiner Chemikalie gespritzt wurden, und vermeiden Sie Plätze unter Obstbäumen, da diese meist mit Insektiziden oder Fungiziden behandelt wurden, die auch auf das darunterliegende Gras und dessen Bewohner gelangen! Fri-

Bild 6. Nahrungsspezialisten im Terrarium zu halten, erfordert viel Mühe bei der Futterbeschaffung, obwohl sich einige von ihnen auch anpassen können und inhaltlich gleichwertiges Futter annehmen. Der Schneckenskink (*Tiliqua gerardii*) frißt aber nach wie vor mit Vorliebe Schnecken! Aufnahme B. Kahl

sches Grün nicht an Straßenrändern sammeln! Angebotene Leckerbissen in Form von süßem Obst und Gemüse werden auch von dieser Reptiliengruppe nicht verschmäht. Probieren Sie einfach Verschiedenes aus, dann ist Ihnen bald die gesamte Speisekarte Ihres Pfleglings bekannt.

manchmal zum Jäger und vergriff sich, vor allem über Nacht, an ruhenden Reptilien, so daß oft böse Bißwunden, manchmal auch der Tod des Reptils, verursacht wurden. Dies hört sich zwar wie eine Horrorgeschichte an, ist aber leider viel zu oft schon geschehen, um unerwähnt zu bleiben!

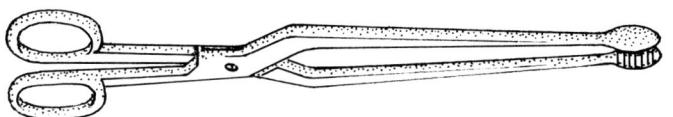

Bild 7. Mit Hilfe einer Futterzange kann man auch angriffs- und beißfreudigen Reptilien die Nahrung „mundgerecht" anbieten.

Das Futter sollte — wenn möglich — zu der Zeit angeboten werden, zu der die Tiere am aktivsten sind. Jetzt hat man die beste Kontrolle, was gefressen wird und was nicht, und das lebhafte Wiesenplankton, Mehlwürmer, Wachsmotten und anderes Kleingetier, aber auch Jungmäuse können sich nicht so ohne weiteres verkriechen und ihrem aktiven Jäger entgehen. Zur besseren Kontrolle kann man die Futtertiere aber auch ganz individuell mit einer Futterpinzette oder -zange anbieten. Grünfutter, Obst und Gemüse sollten kleingeschnitten in stabilen Futternäpfen angeboten werden — auch uns Menschen schmecken sandige Bananen oder Erdbeeren nicht besonders gut! Futterreste, vor allem aber Lebendfutter, dürfen nie unkontrolliert im Terrarium verbleiben. Besonders beim Verfüttern von Nagern wurde der Gejagte

Trink- und Bademöglichkeiten

Genauso wichtig wie eine abwechslungsreiche, artgerechte Ernährung ist die Versorgung mit Trinkwasser und das Aufstellen geeigneter Wassergefäße zum Baden.
Die Größe und Tiefe der Wasserbehälter richten sich nach der Größe des Reptils und seinem Trink- bzw. Badebedürfnis. Die Gefäße sollten am besten aus Glas oder Keramik sein, da sich diese Materialien am leichtesten reinigen und vor allem desinfizieren lassen (ohne im Aussehen zu leiden). Die Trinkgefäße sollten so im Terrarium aufgestellt werden, daß so wenig wie möglich Bodengrund (Sand, Kies etc.) eingeschleppt wird. Am besten stellt man sie in eine Ecke und „befestigt" sie durch einige größere flache Steine.

Die Tränken sollten relativ flach sein, da die meisten Reptilien Flüssigkeit durch Lecken aufnehmen.

Für die in Bäumen lebenden Reptilien sollte man öfter das Blattwerk der Terrarienpflanzen besprühen, da diese Tiere gerne an feuchten Blättern lecken oder herabtropfendes Wasser abfangen.

Das Badebecken sollte nie höher sein als die Körperhöhe des Tieres, das darin baden soll. Damit das Reptil leichter wieder aus dem Becken herauskommen kann, empfiehlt es sich, in das Badegefäß einige Kiesel oder kleinere Steine einzulegen.

Sowohl das Trink- als auch das Badegefäß sollten täglich gereinigt und mit frischem Wasser gefüllt werden!

Sauberkeit – oberstes Gebot!

Regelmäßiges Reinigen der Terrarien und ihrer Einrichtung sollte schon aus Rücksicht auf die Reptilien selbstverständlich sein – auch wir Menschen leben im allgemeinen nicht gerne in Schmutz und Unrat, haben aber im Gegensatz zu den in Gefangenschaft gehaltenen Tieren die Möglichkeit, verschmutzte Orte zu verlassen! Ganz wichtig ist peinliche Sauberkeit jedoch aus hygienischen Gründen – zum Schutz vor Krankheiten oder Ansteckungsgefahr. Kot und alte, vergammelte Nahrungsreste sind oft Quellen der verschiedensten Krankheitskeime und sollten deshalb so rasch wie möglich entfernt werden. Zur Entnahme dieser Abfälle eignen sich am besten lange, kräftige Pinzetten aus Edelstahl, abgewinkelte Schaufeln mit langem Griff, ausgediente Eßlöffel. Diese Geräte müssen nach jedem Benützen wieder gut desinfiziert werden! Nie mit ein und demselben Gerät ohne zwischenzeitliche Desinfektion in verschiedenen Terrarien hantieren!

Beim Entfernen von Verunreinigungen sollten schnelle und abrupte Bewegungen vermieden werden! Es gibt Reptilien, die bei der geringsten Störung unruhig werden und sich gleich die Köpfe einrennen wollen. Hantieren Sie also langsam und behutsam und behalten Sie Ihre Tiere stets im Auge – Bißverletzungen von erschreckten Tieren müssen nicht sein. Bei Neukäufen oder besonders aggressiven Tieren ha-

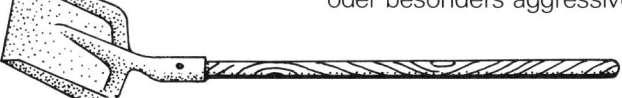

Bild 8. Eine Schaufel mit verlängertem Griff ist eine große Hilfe beim Entfernen von Verschmutzungen aus dem Terrarium.

ben dicke Schweißerhandschuhe, die bis an die Ellbogen reichen, schon gute Dienste geleistet.

Nun bleibt es nicht aus, daß selbst bei sorgfältigem Entfernen von Nahrungsresten und abgesetztem Kot Reste am Bodengrund, an Ästen, Wänden und Steinaufbauten hängenbleiben. Aus diesem Grund sollte das ganze Terrarium samt Einrichtungsgegenständen in regelmäßigen Abständen sorgfältig gereinigt und desinfiziert werden. Der Bodengrund und leicht zu beschaffende Äste und Steine sollten vollständig erneuert, größere Steinaufbauten oder Aststücke gründlich abgebürstet und desinfiziert werden.

Vor dem „Großputz" müssen die Bewohner des Terrariums vorsichtig aus dem Terrarium genommen und vorübergehend anderweitig sicher und geschützt untergebracht werden. Zu diesem Zweck eignen sich Leinensäcke am besten: Die Tiere können bequem einzeln untergebracht und damit Verletzungen vermieden werden, sie lassen sich leicht transportieren und sind nicht sperrig. Nun darf man die Leinensäcke samt Inhalt aber nicht einfach rumliegen lassen, da der Stoff zwar ein gewisser Schutz ist, Zugluft, Kälte, Druck und Stoß aber nicht abhält. Am besten legt man die Säcke in eine Plastikwanne, die man an einem gut temperierten Platz aufstellt.

Beim Ausräumen des Bodengrundes ist Vorsicht geboten: Sie könnten zu den glücklichen Pflegern gehören, die ein Eigelege entdecken! Die Eier müssen äußerst behutsam umgesetzt

werden, ihre Lage sollte sich nicht ändern (also nicht drehen!). Man kann sie aber auch an Ort und Stelle lassen und vorsichtig ein entsprechend großes Gefäß darüberstülpen, so daß sie beim weiteren Hantieren nicht beschädigt oder gar mitdesinfiziert werden.

Ist der Terrarienbehälter vollständig ausgeräumt (oder soweit wie eben möglich), so wird er ausgewaschen, mit einem handelsüblichen Desinfektionsmittel (z. B. Lysoformin, Fugatenspray, Sagrotan etc.) behandelt, mit klarem Wasser ausgespült und gut getrocknet. Bei der Anwendung von Desinfektionsmitteln muß unbedingt die Gebrauchsanweisung befolgt werden (Angabe über zu verwendende Konzentrationen, Einwirkungszeiten etc.)! Es bedarf hoffentlich nicht des Hinweises, daß solche Mittel für Kinder und Tiere nicht erreichbar sein dürfen!

Elektrische Anlagen wie Heizung, Wärmestrahler und Beleuchtung sind selbstverständlich während der Reinigungsmaßnahmen vom Netzanschluß getrennt!

Die Einrichtungsgegenstände werden ebenfalls sorgfältig abgebürstet, desinfiziert, nachgespült und getrocknet.

Bevor das Becken wieder eingerichtet wird und die Reptilien eingesetzt werden, muß es – am besten über Nacht – gut ausgelüftet sein. Falls Sie dies nicht beherzigen, treten durch Desinfektionsmitteldämpfe mit aller Wahrscheinlichkeit Vergiftungserscheinungen bei den Tieren auf, die sich in Form von Mattigkeit, aufgerissenem Maul bis hin zu Erbrechen und Krämpfen äußern. Es würde sicher auch zu Krankheitserscheinungen führen, würde man die Tiere in das ausgekühlte Terrarium setzen, wärmen Sie den Behälter erst einmal an.

Um die Tiere nicht unnötig zu erschrekken und sie langsam an die gesäuberte und wieder wie neu riechende Umgebung zu gewöhnen, sollte man den Leinensack vorsichtig öffnen, im Terrarium langsam umstülpen und die Tiere den Weg ins „Freie" selbst finden lassen.

Ein bißchen Anatomie

Reptilien sind wechselwarme, meist eierlegende Wirbeltiere, die man ihrer Körperform nach in 3 Gruppen einteilen kann:
Eidechsenartige mit fünfzehigen, bekrallten Gliedmaßen,
Schlangenartige ohne auffällige Gliederung in einzelne Körperteile und ohne Gliedmaßen,
Schildkrötenartige mit gedrungenem Körper, der in einen knöchernen, mit lederartiger Haut oder Hornplatten bedeckten Panzer eingeschlossen ist.
Alle Reptilien besitzen eine trockene, derbe, drüsenarme Haut, die von einer mehrschichtigen Hornlage in Form von verschiedenartig ausgebildeten Schuppen oder Schildern bedeckt ist. Da diese Hornschicht nicht mitwächst, muß sie periodisch abgestoßen werden (Häutung). Sie löst sich entweder

in einzelnen Fetzen (Echsen), als Ganzes („Natternhemd" der Schlangen) oder in Form einzelner Platten des Panzers (Schildkröten).
Die meisten Reptilien sind eierlegend. Die kalk- oder pergamentschaligen Eier werden innerlich mit Hilfe unpaarer oder paariger männlicher Begattungsorgane befruchtet und über die Kloake, eine gemeinsame Öffnung für Verdauungs- und Geschlechtsprodukte, abgelegt.
Die Form der inneren Organe ist abhängig von der Körperform der Tiere und daher bei fast allen Reptilien, ausgenommen den Schildkröten, eher länglich als breit und flächig.
Reptilien besitzen ein Herz mit doppelter Vorkammer, jedoch unvollkommen geteilter Herzkammer, so daß sich im Herzen arterielles und venöses Blut

mischen. Die roten Blutkörperchen (Erythrozyten) sind oval und besitzen einen Zellkern (beim Menschen sind die roten Blutkörperchen rund und ohne Zellkern!)

Reptilien sind Lungenatmer. Die Lungen sind einfache, innen stark gefurchte, längliche Säcke von hellroter Färbung. (Bei Schlangen ist die linke Lungenhälfte reduziert oder fehlt ganz, und auch bei einigen Echsen sind die beiden Lungenhälften nicht immer gleich.) Ein Zwerchfell, das den Brust- und den Bauchraum trennt, ist bei Reptilien nicht vorhanden.

Die langgestreckte Leber enthält einen Farbstoff (Melanin), der dieses Organ in gesundem Zustand schwarz-gesprenkelt oder -gestreift aussehen läßt.

Die Nieren sind meist flache, lappige, längliche Gebilde, an oder vor denen die langgestreckten Nebennieren sitzen.

Männliche (Hoden) und weibliche (Ovarien) Geschlechtsorgane sind stets paarig angelegt. Echsen- und Schlangenmännchen besitzen zudem auch ein paariges Kopulationsorgan (Hemipenis), das aus der Kloake austritt. In der Bauchhöhle wird auch überschüssiges Fett als Ansammlung von Fettgewebe (Fettkörper) gespeichert.

Da der interessierte Reptilienhalter bei eventuell verstorbenen Tieren die Todesursache feststellen möchte, sei es, um seine anderen Pfleglinge gezielt vor eventuellen Ansteckungsgefahren zu schützen, um Haltungs- und Fütterungsschäden zu erkennen und für die Zukunft zu vermeiden oder einfach aus reiner Neugierde um den inneren Bau des Tieres, wird er um eine Sektion nicht herumkommen. Als kleine Hilfe seien die näheren Erläuterungen und die Zeichnungen auf den folgenden Seiten gedacht, die sich mit dem Bau der Schlangen, Echsen und Schildkröten etwas eingehender beschäftigen.

Schlangen (Serpentes)

Die über 3000 Schlangenarten sind weltweit verbreitet, kommen jedoch hauptsächlich in den Tropen und Subtropen vor, wo sie die verschiedensten Lebensräume besiedeln.

Schlangen sind langgestreckte, meist gliedmaßenlose, stark beschuppte Reptilien. Ihr Skelett besteht aus einem Schädel, dessen Knochen gegeneinander sehr beweglich sind, und einer verschieden großen Anzahl von Wirbeln. Mit Ausnahme der ersten Halswirbel und der Schwanzwirbel sind all diese Wirbel mit Rippen versehen. Bei allen Arten fehlt der Schultergürtel, der Beckengürtel ist noch bei einigen Arten vorhanden. Augen- und Nasenhöhlen liegen seitwärts am Schädel. Kiefer und Gaumendach sind nur durch Bänder miteinander verbunden, so daß das Maul eine große Dehnbarkeit besitzt und selbst kleine Schlangen relativ

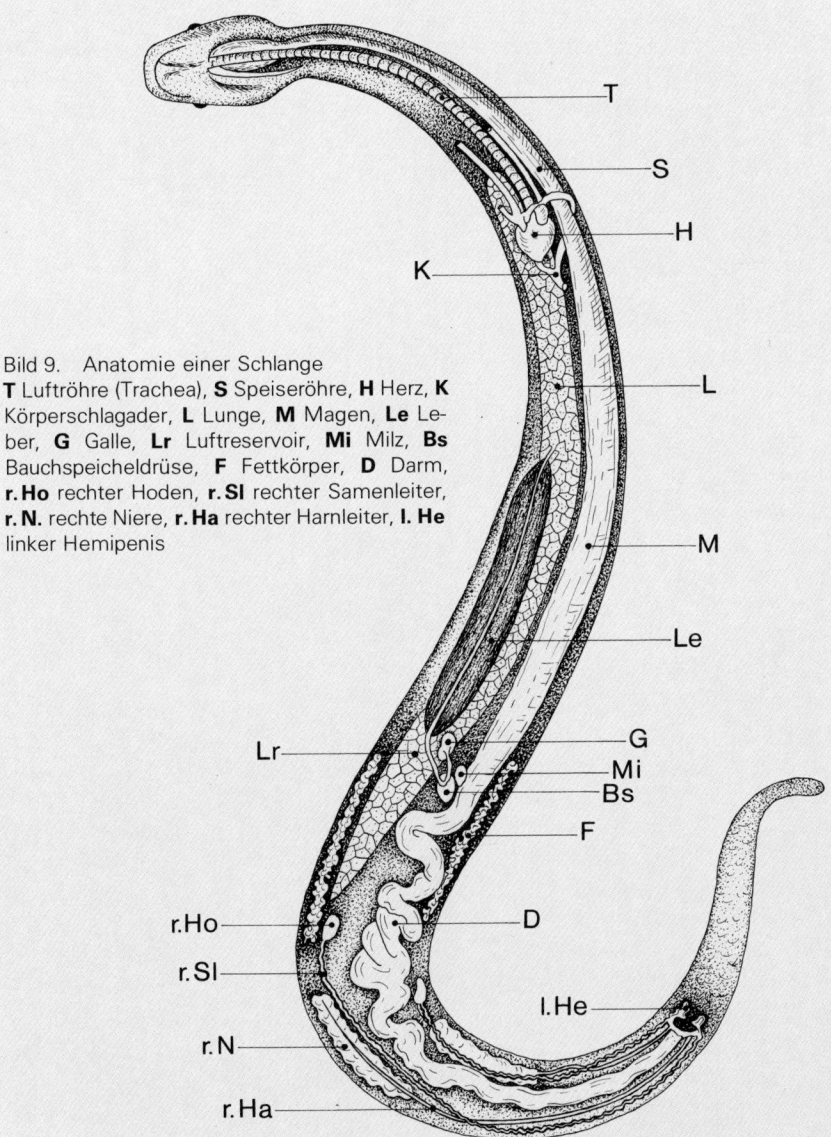

Bild 9. Anatomie einer Schlange
T Luftröhre (Trachea), **S** Speiseröhre, **H** Herz, **K** Körperschlagader, **L** Lunge, **M** Magen, **Le** Leber, **G** Galle, **Lr** Luftreservoir, **Mi** Milz, **Bs** Bauchspeicheldrüse, **F** Fettkörper, **D** Darm, **r. Ho** rechter Hoden, **r. Sl** rechter Samenleiter, **r. N.** rechte Niere, **r. Ha** rechter Harnleiter, **l. He** linker Hemipenis

T

S

H

K

L

M

Le

G
Mi
Bs

Lr

F

r.Ho

D

r.Sl

l.He

r.N

r.Ha

große Beutetiere verschlingen können. Die mehr oder weniger kleinen, spitzen Zähne sind nach hinten gebogen, so daß einmal gepackte Beute nicht wieder entwischen kann, sondern sich nur noch mehr in den Zähnen verhakt. Die Augen fallen durch ihren „starren" Blick auf, der von dem durchsichtigen „Fenster" herrührt, das aus den miteinander verwachsenen Augenlidern entstanden ist und das Auge vor Verunreinigungen schützt. Dieses Fenster wird bei jeder Häutung mit erneuert; trübe Augen deuten daher in den meisten Fällen auf eine beginnende Häutung hin.

Die Zunge ist lang und zweizipfelig und dient in erster Linie zum Riechen: Beim wohlbekannten „Züngeln" nimmt die Zungenspitze Duftstoffe aus der Luft auf und überführt diese an ein im Mundhöhlendach gelegenes Organ (Jacobsonsches Organ), mit dem die Duftstoffe dann wahrgenommen werden.

Die inneren Organe sind entsprechend der langgestreckten Körperform ebenfalls langgestreckt und in Längsrichtung angeordnet. Speiseröhre und Magen sind äußerst dehnungs- und erweiterungsfähig. Die Lungen sind stets ungleich, wobei meist der rechte Flügel langgestreckt, der linke oft sogar ganz verkümmert ist.

Die Männchen besitzen ein paariges Begattungsorgan (Hemipenis). Die Weibchen legen große, pergament-schalige, längliche Eier, die meist sich selbst überlassen werden, oder sie sind ovovivipar, d.h., die voll ausgebildeten Jungen durchbrechen die Eischale schon im Mutterleib oder aber kurz nach der Eiablage.

Echsen (Sauria)

Auch von den ca. 3000 weltweit vorkommenden Echsenarten leben die meisten in den Tropen und Subtropen,

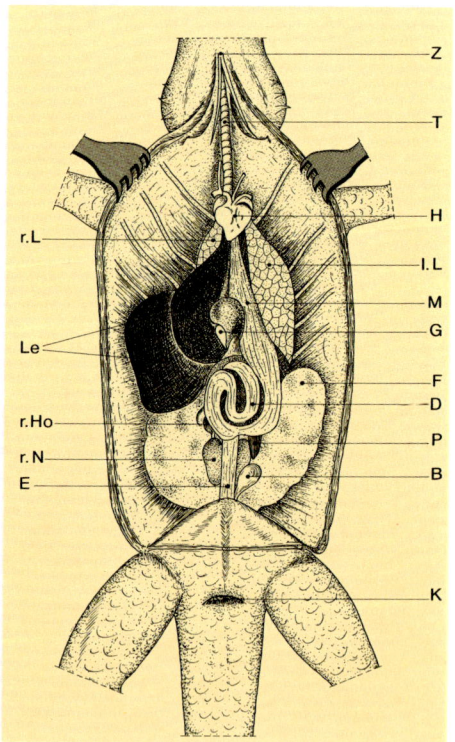

wo sie wiederum in den verschiedensten Lebensräumen anzutreffen sind: am Boden lebend, im Erdreich vergraben, auf Bäumen und Sträuchern, unter Steinen und an Felsen, am Ufer und sogar im Meer (Galapagos-Echsen).

Ihre Gestalt kommt in allen Übergängen von gut entwickelten vierbeinigen Tieren mit fünf Zehen bis zu beinlosen, schlangenartigen Exemplaren vor. Die Beine sind stets seitwärts gerichtet, so daß sich eine kriechende Fortbewegungsart ergibt. Einige Arten besitzen die Fähigkeit, ihren Schwanz bei Gefahr abzuwerfen (Autotomie) und somit den Angreifer zu verwirren.

Das Skelett besteht aus dem Schädel und einer mehr oder weniger langen Wirbelsäule mit zwei Gliedmaßengürteln, an denen die Extremitäten ansitzen. Der Schwanz kann lang und schmal oder kurz und dick sein. Die Schädelknochen sind fest miteinander verbunden und besitzen nur eine geringe Beweglichkeit. Augenhöhlen und Nasenlöcher sitzen seitlich am Schädel. Die Augen besitzen meist bewegliche Lider, die bei einigen Arten jedoch

in Schlangenmanier zu einem durchsichtigen Fenster oder einer „Brille'' verwachsen sein können. Viele Arten besitzen noch ein drittes, rudimentäres Auge (Parietalauge) auf der Kopfoberseite, dessen genaue Funktion jedoch nicht bekannt ist.

Der Körper der Echsen ist mit glatten, höckerförmigen, stacheligen oder gekielten Hornschuppen bedeckt.

Die Männchen besitzen ein paariges Begattungsorgan (Hemipenis), die Weibchen sind vorwiegend eierlegend, nur wenige Arten bringen lebende Junge zur Welt. Die Eier sind meist von einer pergamentartigen Schale umgeben, sie werden an einer geschützten Stelle abgelegt und dann meist sich selbst überlassen, nur wenige Arten betreiben eine Brutpflege.

Schildkröten (Testudines)

Das Verbreitungsgebiet der ca. 220 Schildkrötenarten umfaßt alle wärmeren Gebiete der Erde. Man unterscheidet zwischen Land-, Sumpf- und Wasserschildkröten, je nach Lebensraum. Die Schildkröten besitzen einen gedrungenen Körper, der in einen knöchernen Panzer aus Rückenteil und Bauchteil eingeschlossen ist. Dieser Panzer, aus dem nur der Kopf, die vier Beine und der Schwanz hervorschauen, ist entweder mit einer lederartigen Haut oder mit Hornplatten bedeckt.

Bild 10. Anatomie einer Echse
Z Zungenbein, **T** Luftröhre (Trachea), **H** Herz, **l.L.** linke Lunge, **M** Magen, **G** Galle, **F** Fettkörper, **D** Darm, **P** Bauchspeicheldrüse (Pankreas), **B** Blase, **K** Kloake, **r.L.** rechte Lunge, **Le** Leber, **r.Ho** rechter Hoden, **r.N.** rechte Niere, **E** Enddarm (bei dieser Zeichnung wurde die Speiseröhre weggelassen, um die Luftröhre zeigen zu können)

Das Skelett besteht aus dem Schädel, 8 Hals-, 10 Rumpf-, 2 Kreuzbein- und verschieden vielen Schwanzwirbeln. Die Rippen sind mit den Hautverknöcherungen des Rückenpanzers verwachsen.

Die Augenhöhlen liegen seitlich am

Krümmung zwischen Panzerober- und -unterteil.

Schildkröten sehen sehr gut und reagieren auch außerordentlich schnell auf Erschütterungsreize, auch der Geruchssinn ist recht gut entwickelt, das Gehör dagegen weniger.

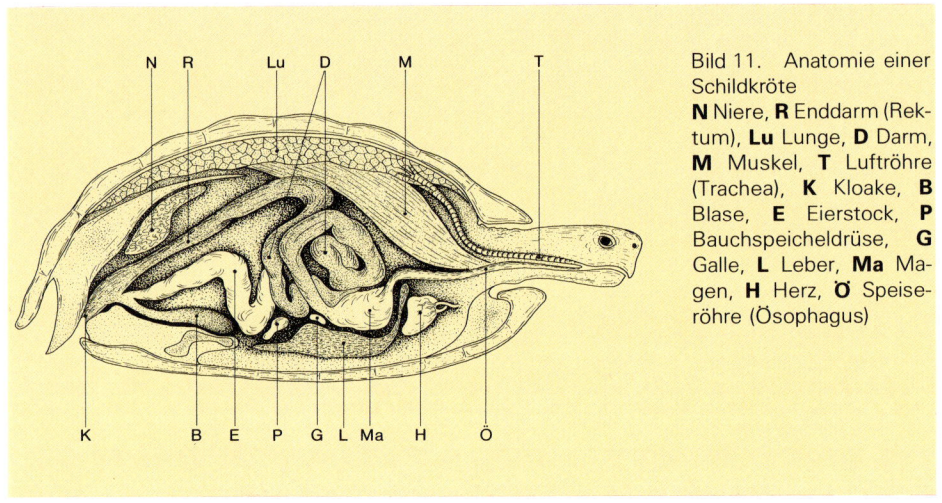

Bild 11. Anatomie einer Schildkröte
N Niere, **R** Enddarm (Rektum), **Lu** Lunge, **D** Darm, **M** Muskel, **T** Luftröhre (Trachea), **K** Kloake, **B** Blase, **E** Eierstock, **P** Bauchspeicheldrüse, **G** Galle, **L** Leber, **Ma** Magen, **H** Herz, **Ö** Speiseröhre (Ösophagus)

Kopf, die Nasenlöcher vorne. Der Kiefer ist zahnlos, besitzt dafür aber kräftige Hornschichten.

Je nachdem, auf welche Art und Weise die Schildkröten bei Gefahr ihren Kopf unter dem Panzer verbergen, unterscheidet man zwischen Halsbergern und Halswendern: Die Halsberger ziehen den Kopf so ein, daß er in senkrechter, S-förmiger Krümmung eingezogen ist, bei den Halswendern liegt der Kopf in waagrechter, S-förmiger

Die inneren Organe liegen aufgrund des gedrungenen Körperbaus dicht beieinander. Die Schildkröten-Männchen besitzen nur ein einziges Paarungsorgan. Alle Schildkröten-Weibchen sind eierlegend. Die Eier sind kugelig oder länglich und von einer Kalk- oder Pergamentschale umgeben. Die Weibchen graben eine Kuhle, legen darin ihre Eier ab, decken sie wieder mit Sand ab und überlassen das Gelege dann sich selbst.

Krankheiten der Reptilien

Trotz der Devise: Vorbeugen ist besser als heilen, trotz artgerechter Unterbringung, optimaler Pflege, abwechslungsreicher Ernährung kommt es immer wieder zu Erkrankungen in Gefangenschaft gehaltener Reptilien, die nicht selten zum Tod der Tiere führen. Je eher man jedoch eine Krankheit erkennt, um so schneller und einfacher läßt sie sich meist bekämpfen und besiegen!

Wie lassen sich Krankheiten frühzeitig erkennen?

Wer seine Tiere kennt und gut beobachtet, wird die ersten Anzeichen einer Krankheit recht schnell bemerken, denn wie alle Lebewesen, so zeigen auch die Reptilien ihr Unwohlsein und verborgene Krankheiten durch ein verändertes Verhalten an. Dieses Verhalten kann dabei jedoch von Art zu Art, ja sogar unter Artgenossen sehr unterschiedlich sein! Die Verhaltensänderungen können sich äußern in Teilnahmslosigkeit (Apathie), Kraftlosigkeit (Asthenie), Freßunlust, aber auch in Aggressivität, Beißlust und nervösem Hin- und Herbewegen. So konnte bei Reptilien mit entzündlichen, bakteriellen Erkrankungen im unteren Bauch schon bei den geringsten Berührungen aggressives Abwehr- und Beißverhalten beobachtet werden, dagegen neigten Tiere mit parasitären Darmerkrankungen zu Freßunlust, vermehrter Flüssigkeitsaufnahme und Teilnahmslosigkeit. Bei Befall mit Außenparasiten (Milben und Zecken) und Hautabszessen (Ansammlung von Eiter) rieben, kratzten und schabten sich die erkrankten Tiere ständig an rauhen Gegenständen oder hielten sich außergewöhnlich lange in ihren Badebecken auf. Leicht bis weit geöffnete Rachen lassen auf Maul-, Rachen-, Luftwege- oder Lungenerkrankungen schließen, verklebte Nasenlöcher, Augen und Mäuler auf Erkältungskrankheiten, Nachziehen oder Ruhigstellen der Gliedmaßen durch ausdauerndes Liegen oder Bewegungsunlust deuten auf Brüche (Frakturen) oder Verrenkungen (Luxationen) hin.

Ergänzt man diese Beobachtungen noch durch die Veränderungen im Aussehen des Tieres, so ergibt sich oftmals schon ein deutliches Bild der ent- oder bestehenden Krankheit. Vor allem die Haut und die Augen geben wertvolle Anhaltspunkte über den Gesundheits-

Bild 12. Wenn Terrarientiere häufig und lange trinken, ist dies ein sicheres Zeichen dafür, daß sie krank sind. Der Halsbandleguan (*Crotaphytus collaris*) z. B. trinkt, wenn er gesund ist, nur mäßig. Aufnahme B. Kahl

zustand eines Reptils. Ein gesundes Tier besitzt eine glänzende, geschmeidige und trockene Haut, bei einem erkrankten Tier dagegen wird die Haut stumpf und fahl, die Farben verblassen und werden oft sogar eintönig. Die Schuppen spreizen sich als Folge von Schlaffheit und Abmagerung ab und lassen die Haut unregelmäßig und „unordentlich" aussehen; sehr oft treten auch erhebliche Häutungsschwierigkeiten auf. Die sonst klaren, glänzenden Augen werden trüb und glanzlos (nicht zu verwechseln jedoch mit der milchigen Trübe der Augen vor der Häutung!)

Hungerfalten am Bauch, eingefallene Muskelpartien an den Beinen und Schwanzwurzeln deuten auf schwere und fortgeschrittene Krankheiten hin. Erbrechen von Nahrung oder halbverdauter, breiiger und schleimdünner Kot (verursacht durch Magen-Darm-Erkrankungen, aber auch Vergiftungen durch gespritztes, mit Insektiziden behandeltes Futter) machen eine rasche Behandlung erforderlich.

Eine Nahrungsverweigerung dagegen muß nicht immer auf eine Krankheit hindeuten. Sie ist oftmals auch ein Zeichen dafür, daß kräftigere Artgenossen die Nahrungsaufnahme verhindern, oder aber, daß ein Wechsel im Nahrungsangebot angebracht wäre. Hält die Nahrungsverweigerung aber auch bei Herausnahme der stärkeren Artgenossen oder bei reichhaltigem, abwechslungsreichem Nahrungsangebot an, so steckt sicher eine Krankheit dahinter.

Man sollte aber auch nicht vergessen, daß auch Reptilien eine „Seele" haben und auf Ortsveränderungen oder den Tod ihres Partners mit verminderter Freßlust reagieren können.

Zeigt ein Reptil deutliche Veränderungen in seinem Verhalten, so muß man es unbedingt genauer untersuchen: Sind Veränderungen am und im Maul festzustellen? Wie sieht die Kloakenregion aus? Sind vor allem die Muskelpartien an den Beinen und der Schwanzwurzel noch straff und wohlgenährt? Hat sich der Kot in Konsistenz oder Farbe geändert?

Um nichts zu versäumen, sollte man auf jeden Fall eine mikroskopische Untersuchung des Kotes zum Nachweis von Parasiten, vor allem von Würmern oder Wurmeiern, machen lassen. Zur Untersuchung eignet sich nur frisch abgesetzter, noch feuchter Kot, von dem man ein ca. kirschgroßes Stück abnimmt und in einem feuchtigkeitshaltenden, unzerbrechlichen Behälter (Plastikröhrchen oder -döschen oder Plastikbeutel, der gut verschlossen sein muß) an die betreffende Untersuchungsstelle einschickt oder zum Tierarzt mitnimmt. (Für die Mitglieder der DGHT führt z. B. die Abteilung Para-

sitologie der Universität Hohenheim, 7000 Stuttgart 70, solche Untersuchungen durch.)

Tiere, die Anzeichen eines Bruches oder einer Verrenkung zeigen, sollte man auf jeden Fall beim Tierarzt röntgen lassen.

Unterbringung und Versorgung erkrankter Reptilien

Reptilien aus einem voll eingerichteten Terrarium, in dem sich gute Versteck-

Bild 13.   Isolierbehälter für erkrankte Reptilien. Die Einrichtung des Behälters sollte so sparsam wie möglich sein, dem Tier jedoch alles bieten, was es benötigt: Licht, Luft, Wasser, Wärme, Versteckmöglichkeit und ,,Schubber''- oder Kletterast.

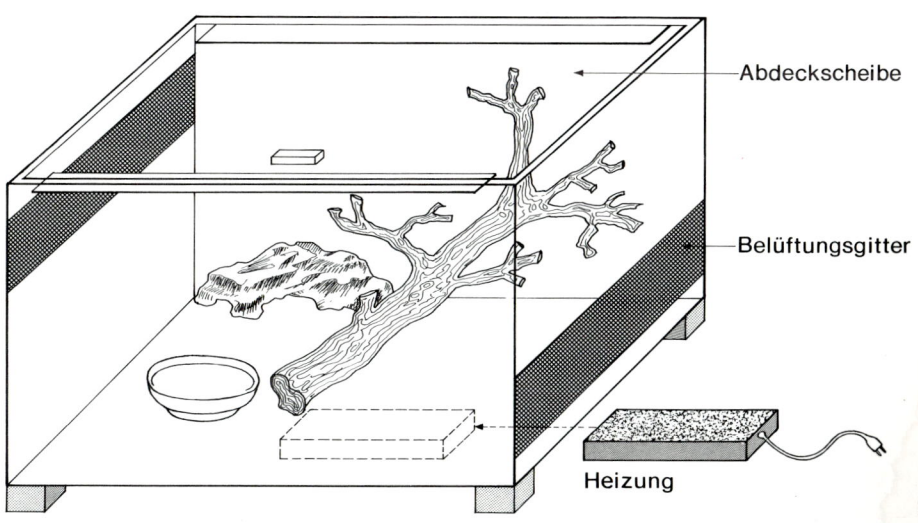

Abdeckscheibe

Belüftungsgitter

Heizung

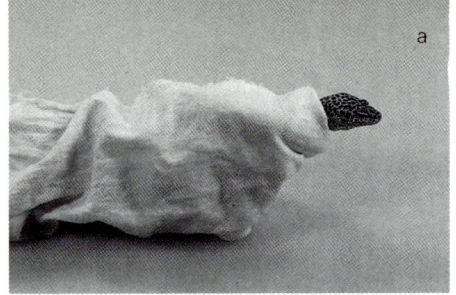

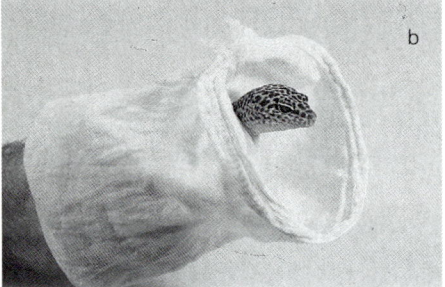

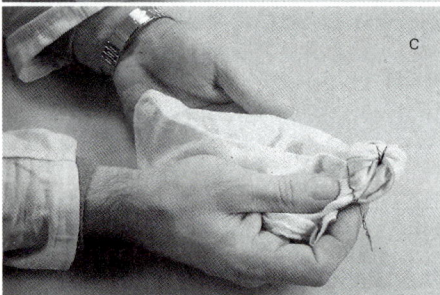

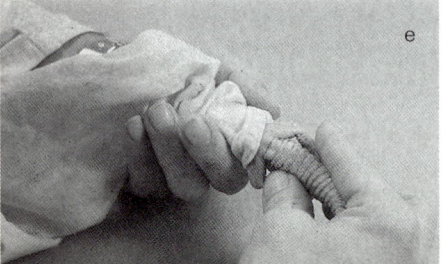

möglichkeiten bieten, herauszufangen, dürfte schon so manchen Pfleger zur Verzweiflung gebracht haben. Was soll erst geschehen, wenn ein erkranktes Tier öfters, ja manchmal 1- bis 2mal täglich versorgt und behandelt werden muß? Zur besseren Behandlung und Beobachtung, aber auch zum Schutz eventueller Mitbewohner vor ansteckenden Krankheiten empfiehlt es sich, das erkrankte Tier aus dem Gesellschaftsterrarium zu nehmen und in ein Quarantänebecken (siehe Seite 13 und 14) zu setzen. Diese Becken haben den Vorteil, daß sie aufgrund der spartanischen Einrichtung leicht zu reinigen sind, daß man das Tier gut beobachten kann und daß abgesetzter Kot für Un-

Bild 14 a–e: Am leichtesten läßt sich ein erkranktes oder neu angeschafftes Terrarientier in einem Leinensack transportieren, umsetzen und behandeln.
a Das Leinensäckchen wird über die Hand gezogen und dann das Tier ergriffen **b** Nun stülpt man den einwärts gedrehten Sack über das Tier **c** Mit Blumendraht oder Schnur wird der Sack dann vorsichtig verschlossen. Darauf achten, daß keine Körperteile des Tieres eingeklemmt werden! Der Sack wird dann an einer vor Zugluft, Kälte oder sonstigen schädigenden Umwelteinflüssen geschützten Stelle deponiert **d** Um dem Tier Medikamente zu verabreichen, braucht man nur den Kopf aus dem Säckchen zu nehmen — schon ist man vor Kratz- und Beißwunden geschützt **e** Um die Kloake untersuchen oder behandeln zu können, wird das Tier mit den hinteren Extremitäten aus dem Sack genommen und in dieser Stellung festgehalten. Aufnahmen R. Hackbarth

tersuchungszwecke leicht und schnell aufgefunden und herausgenommen werden kann. Die Temperatur im Quarantänebecken sollte tagsüber 30°C nicht überschreiten und nachts nicht unter 22°C sinken, die Luftfeuchtigkeit sollte zwischen 40—60% betragen.

Bissige Tiere werden am besten in dichtgewebten weißen Leinen- oder Baumwollsäcken untergebracht: Über die mit einem dicken Schweißerhandschuh bekleidete Hand wird der Leinensack übergezogen. Mit dieser Hand greift man nun das erkrankte Tier am Kopf und stülpt dann den Sack über den Körper. Beim Verschließen des Sackes unbedingt darauf achten, daß keine Extremitäten eingeklemmt werden. Verschlossen wird mit einer Schnur oder einem Blumendraht. Zur Behandlung wird, wieder mit einer behandschuhten Hand, der Kopf im Sack fixiert und der übrige Körper freigelegt. Es hat sich gezeigt, daß die Unterbringung in Leinensäcken viele Vorteile hat:

Angelegte Verbände können nicht abgestreift werden, Salben und Pasten haften am Sack und haben ständigen Kontakt mit dem Körper und den erkrankten Stellen, abfallende Außenparasiten sind auf dem weißen Stoff gut zu erkennen und können leicht abgelesen werden, die Säcke sind gut zu reinigen und zu desinfizieren. Die Reptilien können leicht „fixiert" und behandelt werden, auch die Verabreichung

von Medikamenten ist problemloser, wenn das Tier gut geschützt im Sack steckt und nur der Kopf herausguckt, so daß der Pfleger vor spitzen Krallen und starken Schlägen mit dem Schwanz geschützt ist.

Die „eingesackten" Tiere müssen in der Nähe einer ausreichenden Wärmequelle und gut belüftet — Vorsicht vor Zugluft! — untergebracht werden. Plastikwannen haben sich hier ausgezeichnet bewährt. Bieten Sie dem Patienten regelmäßig Wasser zum Trinken an. Auch wenn das Tier nicht beim ersten Mal willig aus einer hingereichten Schale trinken will, nach einiger Zeit und einigen Versuchen wird es sich an den veränderten Umstand gewöhnt haben.

In der Zeit, in der das erkrankte Tier auf Isolierstation ist, muß das „Heimatterrarium" gesäubert und gut desinfiziert werden, damit sich eine eventuelle Infektionskrankheit nicht auf die anderen Mitbewohner oder aber auf das gesundete, zurückgesetzte Tier überträgt.

Verabreichung von Medikamenten

Kranken Reptilien Medikamente einzugeben, ist oftmals mit größeren Schwierigkeiten verbunden. Bei Reptilien, die wie gewohnt regelmäßig Nahrung aufnehmen, stellt dies kein Problem dar: Hier können die erforderli-

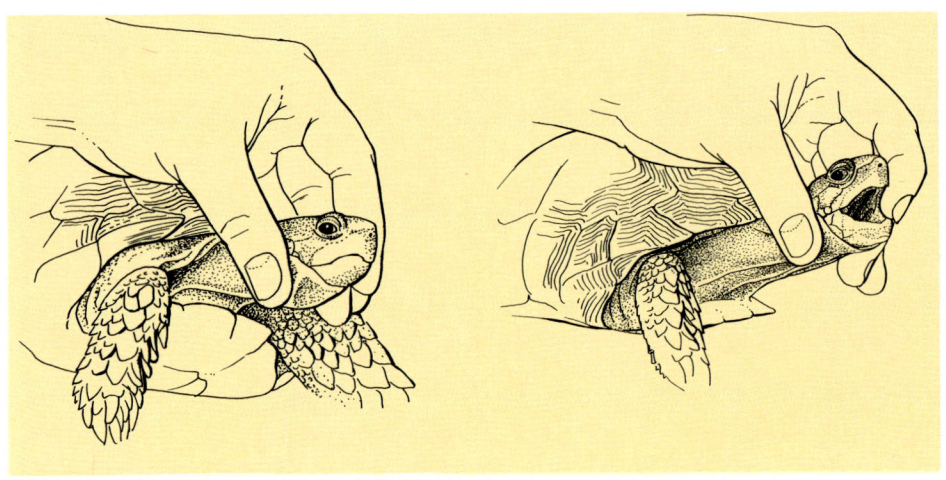

Bild 15a. Mit einem vorsichtigen Griff hinter den Kopf kann man eine Schildkröte meist dazu bringen, das Maul zu öffnen.

Bild 15b. Damit das Maul auch offenbleibt, hilft man mit einem Finger etwas nach.

chen Medikamente — sofern sie oral aufgenommen werden müssen — mit dem Futter verabreicht werden. Reptilien, die jedoch nicht regelmäßig fressen oder die Nahrungsaufnahme ganz verweigern, benötigen viel Geduld und Fingerspitzengefühl.

Am besten fängt man das Tier wieder mit einem Leinensack ein und fixiert den Kopf. Nun öffnet man mit einer Hand (geschützt durch einen dicken Lederhandschuh) vorsichtig das Maul, indem man das Tier seitlich hinter dem Kopf packt und einen freien Finger zwischen den Kiefer klemmt (Vorsicht, nicht zu stark auf den Kopf drücken!). Die Verabreichung flüssiger Medika-

mente oder in etwas Wasser aufgelöste Tabletten erfolgt mit Hilfe einer Einwegspritze, die man mit einem Stück weichen Polyäthylen- oder Plastikschlauch verlängert. Der Schlauch wird langsam und ganz vorsichtig etwas in die Speiseröhre eingeführt. Damit sich das Tier nicht verschluckt, muß das Einspritzen der Medikamentenlösung langsam erfolgen. Anschließend hält man den Kopf noch ein Weilchen hoch und massiert ganz behutsam entlang der Speiseröhre, damit alles abgeschluckt wird.

Bevor dem erkrankten Tier Medikamente zugeführt werden, sollte man noch folgende Ratschläge beachten:

Um eine schnelle und optimale Wirkung zu erzielen, ist es ratsam, die zu behandelnden Tiere einer höheren Temperatur auszusetzen. Die hierdurch entstehende Beschleunigung des Kreislaufes sorgt für eine rasche Aufnahme und Verteilung des Medikamentes.

Befragen Sie vor der Verabreichung mehrerer Medikamente auf jeden Fall einen Arzt. Es kann ohne weiteres sein, daß sich bestimmte Medikamente, die gleichzeitig eingegeben werden, nicht miteinander vertragen und Komplikationen verursachen.

Kloakale Applikationen und Injektionen sollten (intravenöse Injektionen **müssen**) vom Tierarzt durchgeführt werden – er ist geschult und weiß am besten, wo und wie man die Injektionen ansetzt. Auch hier leistet ein Leinensack wieder wertvolle Dienste, denn auch Tierärzte lassen sich nicht gerne von Krallen, Schwanzschlägen oder kräftigen Gebissen bei ihrer Arbeit stören, zumal ein Reptil doch ein äußerst seltener Gast in einer Tierarztpraxis ist.

Muß man – aus welchen Gründen auch immer – doch selbst Medikamente intramuskulär (i.m.) oder intraperitoneal (i.p.) injizieren, sind folgende Hinweise zu beachten:

Kleineren Reptilien sollten nie mehr als 0,5 ml (mittelgroßen Tieren 2 ml) intramuskulär injiziert werden. Eine größere Menge würde sich nur sehr schlecht in der dünnen Muskulatur verteilen und oft auch großflächige Hämatome bilden, die sich nur sehr langsam wieder abbauen.

Muß man kleineren Reptilien eine größere Menge injizieren, so sollte man in die untere Bauchhöhle spritzen (i.p.), jedoch auch nicht mehr als 0,5 ml. Nicht zu starke Kanülen verwenden, da sonst ein Auslaufen aus dem Stichkanal erfolgt und damit keine genaue Dosierung gewährleistet ist.

Langsam und gleichmäßig injizieren, damit sich die Medikamentenlösung besser verteilen kann und kein Rücklauf möglich ist.

Intramuskulär (i.m.) wird im allgemeinen in die Oberschenkelmuskulatur oder die kräftige Schwanzmuskulatur gespritzt, subkutan (s.c.), d.h. unter die Haut, am besten in die Bauchdecke, da diese am stärksten durchblutet ist. Operative Eingriffe dürfen ebenfalls nur vom Tierarzt durchgeführt werden. Von eigenen Experimenten sei strikt abgeraten!

Einfache Wundverbände können ohne weiteres selbst angebracht und gewechselt werden. Daß peinlichste Sauberkeit oberstes Gebot ist, muß wohl nicht extra erwähnt werden! Da Verbände mit schwachklebendem Pflaster auf der derben, schuppigen Reptilienhaut nicht gut halten und oft von den Tieren auch noch aktiv abgerieben werden, empfiehlt es sich, den gesamten Verband mit breiten Leukoplaststreifen bis weit über den Rand an der Haut festzukleben. Das bedeutet allerdings, daß die Wunde fast luftdicht abgeschlossen ist. Ein solch fester Verband **muß** daher täglich gewechselt und die Wunde unter Beobachtung einige Zeit belüftet werden, damit die nässenden Stellen schneller trocknen und ausheilen.

Ist die Wunde geschlossen und trocken, so ist kein Verband mehr nötig, und die Wundsalben, -pasten oder -puder können ohne Verband aufgetragen werden. Es ist ratsam, Salben etc. etwas dicker und länger aufzutragen, da zum einen die Reptilienhaut sehr derb ist und die Wirkstoffe nur langsam aufnimmt, zum anderen bei unverbundenen Wunden sehr viel Salbe etc. abgerieben wird. Medikamente in Puderform haften sehr schlecht oder kaum, wenn möglich sollte hier auf Salben und Pasten zurückgegriffen werden.

Was tun mit toten Tieren?

Trotz aller Sorgfalt und Pflege kann es immer wieder einmal vorkommen, daß ein Terrarientier stirbt. Sind keine äußeren Todesursachen festzustellen, sollte man das Tier auf jeden Fall sezieren und die Todesursache feststellen lassen. Zum einen um eventuell ansteckende Krankheiten früh in den Griff zu bekommen und die anderen Terrarienbewohner gezielt behandeln zu können, zum anderen um Haltungs- oder Ernährungsfehler das nächste Mal zu vermeiden. Zudem stellen Aufzeichnungen und Statistiken der verschiedenen Todesursachen in der Reptilienmedizin eine enorme Bereicherung dar, da sie es ermöglichen, Krankheiten rechtzeitig zu erkennen und zu behandeln.

Die toten Tiere können jedem tierärztlichen Untersuchungsamt, vor allem aber den Institutionen, die sich speziell mit Krankheiten der Reptilien beschäftigen (z. B. Abt. für Parasitologie, Universität Hohenheim, 7000 Stuttgart 70), eingesandt werden.

Zum Versand der Tierleichen hier einige wichtige Richtlinien: Das tote Tier sollte so schnell wie möglich versandt werden, eine Untersuchung an einem stark verwesten, stark beschädigten oder eingetrockneten Tier ist nicht mehr möglich.

Auch tiefgefrorene Tiere zeigen keinen eindeutigen Befund mehr.

Legen Sie das Tier bis zum Versand in einem dicht schließenden Plastikbeutel in den Kühlschrank. (Tote Tiere möglichst am gleichen Tag versenden!)

Packen Sie das Tier zum Versand am besten in eine Styroporschachtel, in die Sie einen zweiten Plastikbeutel mit Eiswürfeln legen.

In der Sendung sollte ein Begleitschreiben enthalten sein, in dem Tierart, ungefähres Alter, Geschlecht (soweit bekannt), Größe, Zeit der Pflege, Nahrungsangebote, Verhalten und ungewöhnliche Veränderungen beschrieben werden.

Virusinfektionen

Ein Virus ist der kleinste Krankheitserreger. Er besitzt die Eigenschaft, lebende Zellen zur Vervielfachung seiner selbst zu veranlassen, ist jedoch nicht in der Lage, sich außerhalb seiner Wirtszelle selbständig zu vermehren.
Über infektiöse Erkrankungen, die durch Viren verursacht sind, ist bei Reptilien leider nicht viel bekannt. Virusinfektionen können jedoch in Betracht gezogen werden, wenn für Tumore, Hautläsionen und -nekrosen, pockenartige Beulen, Wucherungen, Organgeschwülste und -veränderungen keine anderen Einflüsse (z. B. Bakterien, Würmer, Verbrennungen und Verletzungen) nachgewiesen werden können. Die Behandlung durch Viren erkrankter Reptilien richtet sich jeweils nach dem Allgemeinzustand des Tieres und dem Schweregrad der Erkrankung. Reptilien, die keine Aussicht auf eine erfolgreiche Heilung erkennen lassen, weil sie z. B. schon so entkräftet sind, daß sie größere Behandlungen und Eingriffe nicht überstehen würden, oder die schon Todeskandidaten sind, sollten besser eingeschläfert werden, um den Tieren ein unnötiges Leiden und Dahinsiechen zu ersparen.
Virusbedingte Geschwüre und Tumore (wenn sie nicht schon zu groß sind) können operativ entfernt werden. Eitrige Hautnekrosen und -läsionen können durch Ausräumen mit einem „scharfen Löffel" entfernt und mit Antibiotikakegeln und -salben weiterbehandelt werden. Diese Eingriffe überlassen Sie aber bitte einem erfahrenen Tierarzt!
Eitrige oder offene, entzündete Hautverletzungen leichterer Art bestreiche man zweimal täglich mit einer Antibiotikasalbe (z. B. Leukase- oder Nebacetinsalbe). Erfahrungen haben gezeigt, daß keimfreie Wundverbände wesentlich zur Heilung beitragen. Sie verhindern, daß andere Keime wie Bakterien und Pilze sich in der Wunde ansiedeln oder in diese eindringen können und somit den Heilungsprozeß wieder verschlechtern.
UV- oder Infrarot-Bestrahlung (Mindestbestrahlungsabstand 80 cm, Bestrahlungsdauer 30–60 Sekunden, Augen schützen, da sonst die Gefahr einer Erblindung besteht) tragen sehr zu einer Heilung bei.

Bakterielle Infektionen

Bakterien sind mikroskopisch kleine, einzellige Organismen ohne echten Zellkern. Je nach Gestalt unterscheidet man Kokken (kugelig), Bazillen (stäbchenförmig), Spirillen (schraubenförmig), Spirochäten (langgestreckt, spiralig). Die meisten von ihnen leben als Saprophyten oder Parasiten. Die saprophytischen Arten beziehen ihre Nahrung aus abgestorbenen Pflanzen- oder Tiergeweben; unter ihnen sind sehr viele Arten als Erreger von Fäulnis-, Verwesungs- und Gärungsvorgängen von großer Bedeutung. Von den parasitisch lebenden Arten sind zahlreiche Erreger oft gefährlicher Krankheiten von Pflanzen, Tieren und Menschen.

Die meisten Bakterien benötigen Sauerstoff zum Leben (aerobe Bakterien), andere können auch ohne Sauerstoff auskommen (anaerobe Bakterien). Fast alle Bakterien vermehren sich durch Querteilung (Spaltung).

Bakterielle Infektionen sind bei in Gefangenschaft gehaltenen Reptilien leider keine Seltenheit.

Die Tiere können aber auch nur Träger (Wirte) und Überträger von Bakterien (z. B. Salmonellen) sein, ohne selbst zu erkranken.

Einer krankhaften bakteriellen Infektion bei Reptilien geht in den meisten Fällen eine Schwächeerscheinung durch Fehlernährung, ungenügende Pflege, Streß durch Fang und Transport sowie Verletzungen u. a. voraus. Kräftige und gesunde Tiere produzieren in den meisten Fällen genügend körpereigene Abwehrstoffe, um einer Infektion in der Regel zu widerstehen. Bei frühzeitigem Erkennen einer bakteriellen Infektion kann die Erkrankung mit entsprechenden Medikamenten (Antibiotika) in den allermeisten Fällen bekämpft und ausgeheilt werden.

Mundfäule (Stomatitis ulcerosa)

Die am meisten gefürchtete, bakterielle Erkrankung bei Reptilien, die immer noch viele Verluste hervorruft, ist die sogenannte Mundfäule (Stomatitis ulcerosa). Die Erreger dieser Krankheit, Bakterien der Gruppen *Pseudomonas, Aeromonas* und *Proteus*, siedeln sich in der Mundschleimhaut an und führen zu einer Entzündung, zur Schwellung und käsigem Ausfluß.

Die vom Autor nachgewiesenen und untersuchten Mundfäulen beruhten fast ausschließlich auf Sekundärinfektionen, hervorgerufen durch Verletzungen, schlechte physische Verfassung und monotone Umwelteinflüsse.

Gezielte Fragen und Aufzeichnungen bei Reptilienpflegern über Nahrungsangebot, Haltung, Temperaturen usw., besonders bei den Tierhaltern, bei denen die Mundfäule der Reptilien sich periodisch wiederholte, ergaben, daß die Tiere mit einer zu intensiven Gleichmäßigkeit gepflegt wurden. Gerade diese „Ordnung" in der Haltung der Reptilien ließ im eigentlichen Sinne die Mundfäule ausbrechen. Folgendes Beispiel dient zum besseren Verständnis:

Ein Reptilienpfleger erwarb im Frühjahr drei Schlangen. Die beiden größeren brachte er bei konstanter Temperatur in einem artgerecht ausgestatteten Terrarium im Keller unter. Der kleine Python hatte seinen Platz im ersten Stock in seinem Zimmer in einem Terrarium, das nur mit einer Beleuchtungsquelle versehen war. Nach seiner Meinung reichte dies aus, da das Zimmer geheizt wurde und somit genügend Wärme — auch nachts — vorhanden war. Im späten Oktober erkrankten die Schlangen im Kellerterrarium an Mundfäule, die im oberen Zimmer dagegen schlängelte vergnügt und ohne erkennbare Anzeichen einer beginnenden Mundfäule umher. Was war geschehen? Die Temperaturen im Kellerterrarium wurden durch die Regelheizung stets gleich gehalten. Die Differenzen lagen auch nachts nur bei ca. ±2–3 °C. Die kleine Schlange dagegen wurde durch das abendliche Abschalten der Beleuchtung mit wesentlich größeren Temperaturschwankungen konfrontiert (sie lagen bei ca. ±7–8 °C und mehr). Im September wurde es nun plötzlich wesentlich kälter, die Regelheizung im Keller aber nicht nachgestellt, so daß die Schlangen plötzlich höheren Temperaturschwankungen ausgesetzt waren. Es entstand eine Art physischer Schwächezustand (bedingt durch Umwelteinflüsse), der die Entstehung einer Mundfäule günstig beeinflußte. Solche und ähnliche Erfahrungen konnten vom Verfasser immer wieder beobachtet werden.

In den natürlichen Biotopen der Repti-

Bild 16. Mundfäule bei Reptilien kann durch Vitaminmangel (B-Komplex) oder durch bakterielle Entzündung, der nicht selten eine mechanische Beschädigung des Tieres vorangeht, entstehen. Diese Spitzkopfnatter (*Elaphe oxycephala*) hat sich die Schnauzenspitze „eingerannt" – der Pfleger muß die Verletzung sehr gut im Auge behalten und mit Salbe oder Puder ausheilen. Aufnahme B. Kahl

lien haben Temperatur-, Luft- und Bodenfeuchtigkeit, Witterungsverhältnisse, Nahrungsangebot usw. keine konstanten Werte, sie wechseln ständig. Bei den Reptilien werden durch solche Faktoren Abwehrstoffe motiviert und gebildet, Körper und Organe gegen viele Krankheiten resistent gemacht und abgehärtet, so daß eine ausreichende Immunisierung erreicht wird. Wer nicht mithalten kann und sich nicht umstellt, ist nicht existenzfähig.

Der Mundfäule, wodurch auch immer verursacht, geht immer eine Mundschleimhautentzündung (Stomatitis) voraus: Bei leichtgeöffnetem Maul preßt das erkrankte Tier schaumigen Speichel unter leisem Zischen heraus. Öffnet man nun dem Patienten vorsichtig das Maul, so entdeckt man an den Schleimhäuten der inneren und äußeren Zahnreihen und an den Lippenrändern im Unterkiefer eine intensive Rötung (Entzündung). In diesem Stadium kann die Erkrankung fast immer mit Erfolg behandelt werden.

Mit Hilfe eines Wattestäbchens werden die erkrankten Stellen mehrmals täglich bis zur vollständigen Heilung mit einem Rachen- oder Munddesinfiziens eingepinselt. Zur Unterstützung der Behandlung kann oral ein Antibiotikum verabreicht werden, dem eine einmalige Vitamin-C-Gabe beigefügt ist (Dosierung siehe Tabelle Seite 78). Auch das Einpinseln mit Supronal-Suspension 3% (Bayer Leverkusen vet.) hat sich bewährt. Eine Früherkennung der Mundfäule mit sofortiger Behandlung ist auch deshalb notwendig, da bei Sektion an Mundfäule verendeter Reptilien auch schwere Erkrankungen des Magen-Darmtraktes nachgewiesen wurden, die ihren Ursprung in der Mundfäule hatten.

Wird die Mundschleimhautentzündung nicht baldigst erkannt und behandelt, wechselt sie sehr schnell in die eigentliche Mundfäule: Ober- und Unterkiefer sind mit kleinen, stecknadelkopfgroßen, stark geröteten, mit hellem Kopf versehenen Pusteln besetzt, die bevorzugt an den Zahnreihen und Lippenrändern auftreten. Die Mundschleimhaut selbst ist blaß. Bei fortschreitendem Krankheitsbild arten die Pusteln in eitrige, offene Abszesse und Geschwüre aus, die für das Tier sehr schmerzhaft sind und eine Nahrungsaufnahme nicht mehr zulassen. Sind die erkrankten Reptilien nicht schon zu entkräftet, so versuchen sie durch Schaben und Reiben an Ästen und Steinaufbauten, sich der eitrigen und nekrotischen Beläge zu entledigen. Hätte man bis zu diesem Stadium die Mundfäule noch nicht gesehen, so würde man sie jetzt auf jeden Fall riechen! Im weiteren Verlauf der Krankheit werden Zahnwurzeln und Kieferknochen geschädigt, und die Zähne fallen aus. Ohne sofortige Behandlung siecht das Tier elend dahin, um schließlich zu sterben.

Um rasche und gezielte Hilfe leisten zu können, sollte man vom Tierarzt oder einem veterinärmedizinischen Untersuchungsamt eine Differenzierung der Bakterien und eine bakteriologische Austestung auf schnell wirksame Medikamente machen lassen.

Zur Behandlung der Mundfäule gelten folgende Maßnahmen:

Die eitrigen und nekrotischen Beläge im Maul sollten täglich mit einem Wattestäbchen entfernt, die befallene

Schleimhaut anschließend mit einer 3%igen Supronal-Suspension ausgetupft werden. Wenn möglich, ein Antibiotikum mit Vitamin-A und C-Gaben oral verabreichen. Ein leichtes Kreislaufmittel unterstützt die Behandlung. Sollten diese Medikamente nicht angenommen oder wieder ausgebrochen werden, muß man sie intramuskulär oder intraperitoneal einspritzen. Wichtig ist, daß das Tier während der Behandlungszeit genügend Flüssigkeit aufnimmt! Statt reinem Wasser sollte man eine physiologische Kochsalzlösung anbieten. Falls die Erkrankung noch nicht zu weit fortgeschritten ist und das Tier noch Nahrung aufnimmt, sollten die Futterangebote lieber etwas kleiner sein, dafür aber öfters angeboten werden, damit nicht zuviel Kräfte für die Verdauung notwendig sind, sondern eher der Heilung zugute kommen. Reptilien, die längere Fastenperioden verkraften, können während der Behandlungszeit auch ohne Futter bleiben. Wird feste Nahrung erbrochen, bietet man geschlagenes Ei mit gehacktem Fleisch und Leber an, in die die Medikamente eingegeben sind. Nahrung in dieser Form wird meist gut vertragen.

Sollte nun noch eine Magen-Darmerkrankung vorliegen, so hat sich eine orale und kloakale Injektion mit Supronal mittels einer Knopfkanüle appliziert, verbunden mit Einheiten von Vitamin C und A, gut bewährt. Mit Sulfonamiden gespritzte Tiere haben ebenfalls gute Heilungsergebnisse gezeigt, allerdings nur in Zusammenhang mit Vitaminen. Infrarotbestrahlungen, Kamillenbäder und der Zusatz von Sulmet im Trinkwasser ergänzen die Behandlung und zeitigen gute Heilerfolge.

Mycosen konnten vom Verfasser für die Mundfäule nicht verantwortlich gemacht werden, sie traten jedoch gelegentlich als Begleiterscheinung auf und erschwerten teilweise die Behandlung.

Entzündungen der Magen- und Darmschleimhäute (Gastritis, Enteritis)

Parallel zu der akuten Mundfäule verläuft oft eine Magen-Darmerkrankung, deren Ursache wohl in der Mundfäule liegt. Auch hier treten Pseudomonas-, Aeromonas- und Proteus-Bakterien in Erscheinung. Der Verlauf der Erkrankung erstreckt sich über eine Entzündung der Magen- und Darmschleimhäute (Gastritis, Enteritis) über eitrige Abszesse bis hin zu Geschwüren (Ulcerationen).

Als Symptome einer Magen-Darmerkrankung dienen das Erbrechen halbverdauter Nahrung und das Absetzen von breiigem, überriechendem Kot, der fast immer Beimengungen von eitrigem, gelblich-weißem Schleim enthält. Mitunter treten auch frische Blutstreifen auf. Oftmals wird die entzündete Schleimhaut auch alleine oder mit dem

 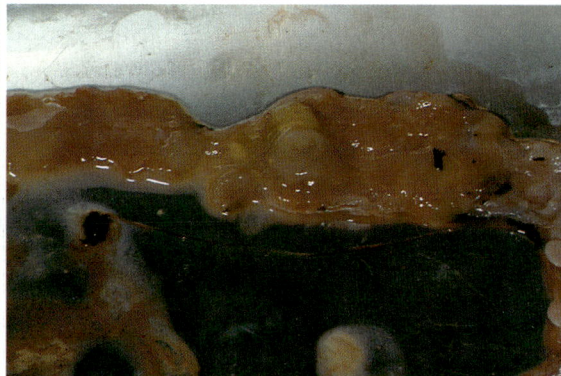

Bild 17. Eine Magen-Darmschleimhaut-Entzündung in dieser Form wird nur anhand einer Sektion erkennbar. Hier sind die Darmwände stark entzündet, die Schleimhaut ist eine breiige, zähe Masse. Aufnahme R. Hackbarth

Bild 18. Bleibt eine Magen-Darmschleimhaut-Entzündung längere Zeit unerkannt, so entwickelt sie sich bald in eine akute, mit eitrigen Abszessen und Geschwüren versehene Erkrankung, die Möglichkeit einer vollkommenen Ausheilung wird immer mehr erschwert. Aufnahme R. Hackbarth

Urin ausgeschieden (letzteres vor allem bei Reptilien, die zur Verteidigung sowieso Urin verspritzen). Doch spielen hierbei Schmerzen und das Abstoßen der erkrankten Magen-Darmschleimhaut im Zusammenhang mit Durchfällen wohl die größere Rolle.

Bei vorsichtigem Betasten des Magen-Darmtraktes läßt sich ein starker Abwehrreflex der Bauchmuskulatur feststellen, die sich im Normalreflex nach innen zieht. Um Untersuchungsmaterial für Abstriche und Differenzierungen zu erhalten, massiert man das erkrankte Tier vorsichtig von der Bauchmitte bis zur Kloake oder führt vorsichtig ein Wattestäbchen in die Kloake ein. Durch die Massage angeregt, setzt das Tier meist genügend Kot oder Schleimhaut ab, und die am Wattestäbchen haftenbleibenden Exkremente genügen meist auch für eine bakteriologische Untersuchung.

Lungenentzündung (Pneumonie)

Lungenentzündungen als Folge bakterieller Infektionen treten bei Reptilien recht häufig auf. Verantwortlich sind auch hier wieder Bakterien der *Pseudomonas*- und *Aeromonas*-Gruppe; vereinzelt konnten aber auch Mycobakterien und *Pneumococcus* differenziert werden. Auch die Lungenentzündung ist nicht selten eine Folgeerscheinung einer Mundfäule oder bakteriellen Magen-Darmerkrankung, kann aber auch durch plötzlichen Temperaturabfall, starke Auskühlung oder allgemeine Schwäche hervorgerufen werden.

Die ersten Anzeichen einer Lungenentzündung sind ein pfeifendes bis rasselndes Atemgeräusch bei leicht geöffnetem Maul, Nasenausfluß, Mattigkeit und mangelnde Freßlust. Im fortgeschrittenen Krankheitsstadium wird schaumiger, manchmal auch schon übelriechender Schleim aus dem Maul gepreßt, die Atmung ist jetzt sehr flach, die Atemfrequenz kurz. Bei einer Lungenentzündung besteht auch immer die Gefahr der Entstehung von Fibrinpfröpfen, die durch das Verstopfen der Bronchialäste große Teile der Lungen abschließen und somit zum Ersticken führen können.

Zur Behandlung einer Pneumonie sollte das erkrankte Tier auf jeden Fall bei trockener Wärme (ca. 30°C) gehalten werden. Neben wirkungsvollen Antibiotikagaben (z. B. Tetracyclin) haben Eucalyptusdämpfe, Bisolvon, eine Kombination der Vitamine A, B_{12} und C, ein leichtes kreislaufunterstützendes Mittel (2× wöchentlich, 2–3 Wochen lang) und Infrarotlicht sehr gute Heilerfolge gebracht. Zur Verhinderung der Bildung von Fibrinpfröpfen wurde Heparin intramuskulär gespritzt.

Tuberkulose

Tuberkulose bei Reptilien wird durch

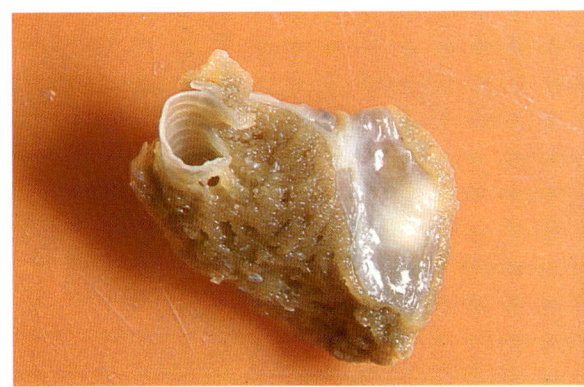

Bild 19. Eine große Gefahr für Reptilien, die sich erkältet haben oder die gar eine Lungenentzündung haben, liegt in der Bildung von Fibrinpfröpfchen im groben Bronchialgeäst oder in der Luftröhre. Diese Schleim- und Fibrinansammlungen führen nicht selten zum Erstickungstod. Aufnahme R. Hackbarth

Mycobakterien verursacht. Die Krankheit äußert sich in Geschwüren und Knoten in und auf der Haut, in Leber und Milz und in einer Zerstörung der Lungen. Heilerfolge sind kaum bekannt, so daß an Tuberkulose erkrankte Tiere aus humanen Gründen sobald wie möglich eingeschläfert werden sollten.

Abszesse

Abszesse sind abgekapselte Eiteransammlungen, deren Konsistenz von wäßrig-dünn bis käsig-borkig reichen kann. Sie sind meist die Folge einer sekundären bakteriellen Infektion, die durch Hautverletzungen, Saugtätigkeit

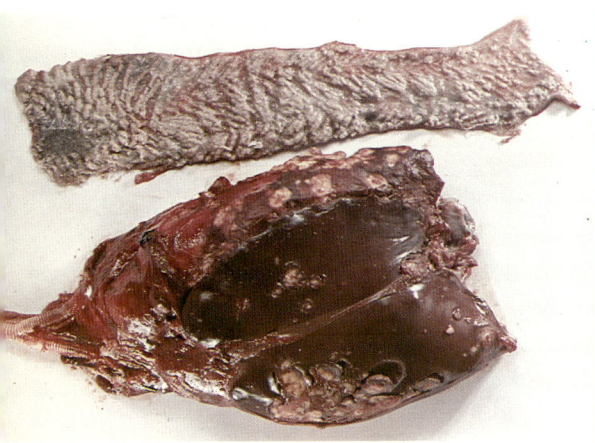

Bild 20. Bei diesem an Tuberkulose verstorbenen Waran sind die Organe fast bis zur Unkenntlichkeit zerstört. Die Reptilien-Tuberkulose wird selten diagnostiziert – wird sie aber erkannt, so ist sie kaum zu behandeln. Aufnahme R. Hackbarth

Bild 21. Durch eine Verletzung entstand dieser pflaumengroße Abszeß. Ausgeprägte Entzündungen ließen im Bereich der Kloake Haut und Muskulatur aufreißen. Dieser Abszeß konnte erfolgreich gespalten und ausgeheilt werden. Aufnahme R. Hackbarth

von Außenparasiten (z. B. Milben und Zecken), zu feuchte Haltung oder falsche Ernährung hervorgerufen werden. Die Abszesse sind meist auf die Haut beschränkt, können aber auch gelegentlich innere Organe schädigen. Bei Schlangen liegen solche Abszesse meist unter der Haut, bei Echsen sind Haut, Extremitäten, Kiefer mit Lippenrändern innen und außen und Organe befallen, bei Schildkröten fast ausschließlich die Extremitäten.

Ist ein solcher Abszeß mit wäßrig-dünnem Eiter gefüllt, so muß man den Abszeß spalten und durch Antibiotikaspülungen auswaschen!

Eine Drainage sollte bei Reptilien nicht gelegt werden, da keine Ruhigstellung des Tieres möglich ist. Die Wunde bleibt unter dem sterilen Verband gespalten, bis sie von innen heraus ausgeheilt ist. 1× täglich den Verband öffnen, die Wunde ausspülen und tamponieren.

Einen festen Abszeßinhalt kann man mit einem scharfen Löffel ausräumen. Bissige Tiere und Tiere, die einen Abszeß am Kiefer haben, sollten besser für kurze Zeit narkotisiert werden, da man sie oft nicht so ruhigstellen kann, wie es zur Behandlung angebracht wäre. Das Öffnen und Leeren eines Abszesses sollte von einem Tierarzt ausgeführt werden! Nach dem „Ausräumen" wird die Wunde so lange mit Antibiotikakegeln, -salben oder -puder behandelt, bis sie sich vollkommen geschlossen hat.

Salmonellose

Wie bereits schon erwähnt, können Reptilien – vor allem Schildkröten – latente Dauerausscheider von Salmonellen sein, ohne selbst an diesen Bakterien zu erkranken. Die isolierten Salmonellen stammen fast ausschließlich aus den Herkunftsländern der importierten Tiere, lassen sich jedoch leicht übertragen. Es ist daher äußerst wichtig, Neuzugänge einige Wochen in Quarantäne zu halten und per Kloakenabstrich oder Kotuntersuchung feststellen zu lassen, ob die Tiere Salmonellenträger sind oder nicht. Leider konnte auch immer wieder festgestellt werden, daß durch Verschleppung mittels Gerätschaften, wiederangebotenen Futtertieren oder ungenügend desinfizierten Einrichtungsgegenständen immer wieder Neuinfektionen auftraten.

Eine Salmonellose bei Reptilien ist selten zu erkennen und wird meist erst bemerkt, wenn noch andere negative Einflüsse auf das Tier einwirken. Sicherheitshalber sollte man regelmäßige Kotuntersuchungen machen lassen.

Stellt sich ein Reptil als Salmonellen-Träger heraus, so hat sich eine 6- bis

Bild 22. Diese Schlange wurde beim Fang oder Transport im Kloakenbereich verletzt. Da die offene Wunde nicht sofort behandelt wurde, konnte sich eine Entzündung bis auf den Hemipenis ausbreiten. Dieser schwoll in Kürze um das Zigfache an und konnte nicht mehr in seine normale Position eingezogen werden. Mit intensivem Antibiotikaeinsatz konnte auch diese Erkrankung erfolgreich ausgeheilt werden. Aufnahme R. Hackbarth

10tägige Behandlung mit Terramycin bisher am besten bewährt. – Auf jeden Fall sollte man sich nach jedem Kontakt mit einem Reptil sorgfältig die Hände desinfizieren und Kleinkinder so weit wie möglich von Reptilien fernhalten.

Pilzerkrankungen (Mykosen)

Pilze leben entweder von verrottendem pflanzlichem oder tierischem Gewebe oder parasitisch auf oder in

Pflanzen und Tieren. Sie vermehren sich durch Sprossung oder Sporen und können sich unter geeigneten Bedingungen (feucht und warm) sehr schnell ausbreiten. Eine Pilzerkrankung (Mykose) sollte daher so rasch wie möglich behandelt werden!

Bei Reptilien, vor allem bei Arten, die in feucht-warmen Terrarien gehalten werden, ist eine Schädigung der Haut durch Pilzbefall (Dermamykose) keine Seltenheit. Die Infektion beginnt meist auf der Bauchseite und äußert sich im Anfangsstadium durch abgespreizte oder braungefleckte Schuppen. Mit fortschreitender Vermehrung der Pilze bilden sich großflächige verkäsende oder nässende Wunden.

Die wirksamste Bekämpfung einer Mykose besteht in der Bestimmung des Pilzes und einer gezielten Anwendung eines resistenzgetesteten Antimykotikums (Salbe oder Tinktur). Bei fortgeschrittener Erkrankung ist diese Methode jedoch zu langwierig, hier hilft dann nur noch ein Ausprobieren verschiedener Antimykotika (beim Tierarzt zu erfragen!).

Das erkrankte Tier muß sofort in ein Quarantänebecken gesetzt und bei trockener Wärme gehalten werden. Bei offenen Wunden behandelt man das Tier zusätzlich mit Antibiotika. Die befallenen Hautpartien dürfen auf keinen Fall abgedeckt werden, die Wunden müssen austrocknen können! Bevor man das auskurierte Tier wieder ins

Bild 23 (ganz oben). Am und auf dem Panzer dieser Schmuckschildkröte hat sich durch unsachgemäße Haltung und Pflege ein Pilzbefall entwickelt, der sich in relativ kurzer Zeit über den gesamten Körper und auch in die inneren Organe ausbreiten kann. Hier wäre – um eine schnelle und gezielte Behandlung einleiten zu können – eine Differenzierung und ein Antibiogramm zur Bestimmung der Pilze dringend erforderlich. Aufnahme R. Hackbarth

Bild 24. Dieselbe Schildkröte von unten gesehen. Deutlich sind am Panzerrand Veränderungen zu sehen, die auf einen Pilzbefall schließen lassen. Aufnahme R. Hackbarth

Terrarium zurücksetzt, müssen die gesamte Einrichtung und der Behälter sorgfältig desinfiziert und mit Antimykotikum behandelt werden! Pilzsporen sind äußerst resistent und können, vor allem bei geschwächten Tieren, immer wieder zu Infektionen führen.

Pilzerkrankungen der inneren Organe können meist erst im fortgeschrittenen Stadium erkannt werden. Trotz geringer Heilerfolge sollte auf jeden Fall eine Behandlung mit Antimykotika (oral eingegeben oder i.m. injiziert) versucht werden.

Parasitäre Erkrankungen

Durch Einzeller (Protozoen) verursachte Erkrankungen

Einzeller sind mikroskopisch kleine Lebewesen, die nur aus einer Zelle bestehen und sich durch Zwei- oder Mehrfachteilung, Knospung oder Kernverschmelzung vermehren. Viele von ihnen leben parasitisch im Blut, im Verdauungstrakt und anderen Organen von Tieren und Menschen und können bei geeigneten Bedingungen zu schweren Schäden, ja sogar zum Tod ihres Wirtes führen.

Reptilien beherbergen in ihrem Blut, vor allem aber im Darm, eine Menge verschiedener Einzeller (Rhizopoden, Ciliaten, Flagellaten, Sporozoen), die die Tiere im Normalzustand nicht beeinträchtigen oder gar schädigen. Sind die Reptilien aber aus irgendwelchen Gründen (falsche Ernährung, falsche Unterbringung und Pflege, Streß, Revierkämpfe etc.) geschwächt, so können sich diese Einzeller unkontrolliert vermehren und somit pathogen wirken.

Amöbiasis

Die wohl schlimmste Erkrankung, mit immer noch hoher Sterblichkeitsrate, ist eine Infektion mit Amöben der Art *Entamoeba invadens,* die durch ihren schnellen, epidemischen Verlauf ganze Bestände ausrotten kann. Bei günstigen Bedingungen (schlechte Konstitution und geringe Größe des befallenen Tieres, Haltungstemperatur von 18–25°C) kann der Tod des befallenen Tieres schon nach ca. 14 Tagen eintreten.

Die Amöben treten in zwei Formen auf: in unbeweglichen, recht resistenten Dauerstadien (Cysten) und als bewegliche, fressende, sich vermehrende Amöbenstadien (Trophozoiten). Das Reptil nimmt Amöben in Cystenform mit dem Trinkwasser oder über Futtertiere auf. Aus den Cysten schlüpfen dann im Darm die beweglichen Stadien, die die Darmschleimhaut angreifen und zerstören. Die Schädigungen beginnen mit einer Darmentzündung und kleineren Geschwürbildungen (Ulcerationen). Der Darm versucht meist, sich zu regenerieren, so daß man bei der Sektion eines an Amöbiasis verstorbenen Tieres im befallenen Darmabschnitt oft eine lamellenartige Schichtung vorfinden kann.

Dieses Krankheitsbild wurde schon lange vor der Entdeckung der Amöben als „membranöse Enteritis" bezeichnet. Mit fortschreitendem Krankheitsverlauf und Vermehrung der Amöben dringen die Erreger aktiv in benachbarte Gewebe ein oder gelangen über die Blutbahn in die anderen Organe des

und dunkelt ab. Im weiteren Verlauf erbrechen die Tiere bereits aufgenommene Nahrung und nehmen auch keine mehr auf. Das Absetzen von eitrigem, schleimigem bis blutigem Kot ist ein charakteristisches Zeichen einer Amöbiasis. Zu diesem Zeitpunkt haben wir es dann allerdings schon mit schweren ulcerativen Entzündungen im Darm zu tun. Dadurch bedingt können im letzten Darmdrittel, von der Bauchseite her,

Bild 25. Die geringen Heilerfolge einer Amöbeninfektion liegen im zu späten Erkennen dieser Krankheit. Sieht ein Tier erst einmal so aus — eingefallene Augenpartien, eingefallene Muskelpartien an den Beinen und der Schwanzwurzel — und scheidet es blutigen Kot aus, so muß man den Kot sofort auf Amöben untersuchen lassen. Aufnahme R. Hackbarth

Bild 26. Bei diesem Tier kam jede Hilfe zu spät. Geschwüre und Verwachsungen machten eine Darmpassage unmöglich, Folge hiervon: Erbrechen und Nahrungsverweigerung bis zum Tod. Aufnahme R. Hackbarth

Körpers, wobei vor allem schwere Leber- und Nierenschäden auftreten.

Infizierte Reptilien liegen meist träge und langgestreckt auf dem Boden und nehmen vermehrt Flüssigkeit auf. Die Färbung der Haut verblaßt, stumpft ab

verhärtete Stellen — unter starken Abwehrreflexen der Bauchmuskulatur — ertastet werden. Vom Verfasser wurde beobachtet, daß die Haut der Bauchseite durch starke Entzündungen rosa bis rot gefärbte Flecken zeigte. Die

46

Amöben können im schleimig-blutigen Kot oder durch Abstriche vom Enddarm nachgewiesen werden.

Sobald sich der Verdacht einer Amöbiasis bestätigt, muß eine sofortige Behandlung eingeleitet werden! Je eher die Behandlung erfolgt, um so größer sind die Heilungsaussichten!

Das infizierte Tier muß sofort in ein Quarantänebecken gesetzt werden. Versuche haben gezeigt, daß sich eine

reichend frisches Trinkwasser zur Verfügung steht! Als Medikament gegen Amöbiasis hat sich z.B. Clont® (Bayer AG, Leverkusen) sehr gut bewährt. Man verabreicht eine Woche lang oral täglich 30–40 mg Clont® pro Kilogramm Körpergewicht des Tieres. In die Kloake eingeführte Zäpfchen sowie zusätzliche Antibiotikagaben unterstützen die Behandlung. Nach ca. 4 Wochen sollte man nochmals einen

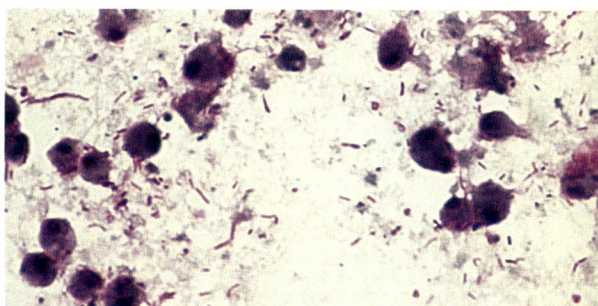

Bild 27. Bei einer fortgeschrittenen Amöbeninfektion gelangen die Amöben mit dem Blut auch in die Leber oder andere innere Organe, die sie stark schädigen können. In diesem Stadium ist eine Rettung kaum mehr möglich. Aufnahme R. Hackbarth

Bild 28. Im gefärbten Ausstrich (ca. 800fache Vergrößerung) stellen sich die Amöben so dar. Eine solche Anhäufung dieser gefährlichen Parasiten kann meist nicht überlebt werden. Aufnahme R. Hackbarth

Erhöhung der Umgebungstemperatur auf ca. 30–32°C (nachts nicht unter 26°C) günstig auf den Heilungsprozeß auswirkt. Bei einer Temperaturerhöhung muß aber unbedingt darauf geachtet werden, daß dem Tier stets aus-

Kontrollabstrich machen lassen.

Die reptilpathogene *Entamoeba invadens* besitzt zwar große Ähnlichkeit mit der beim Menschen vorkommenden pathogenen *Entamoeba histolytica*, scheint sich aber nicht schädigend auf den Menschen auszuwirken. Trotzdem sollte man beim Umgang mit erkrankten Tieren größte Vorsicht und peinlichste Hygiene walten lassen!

Trichomonaden-Infektion

Weitere Einzeller, die nicht selten im Darm von Reptilien vorkommen und ein ähnliches Krankheitsbild wie *Entamoeba invadens* verursachen, sind Flagellaten der Gattung *Trichomonas*. Vor allem frisch importierte Tiere schleppen Trichomonaden ein.

Auch bei einer Trichomonaden-Infektion tritt schleimig-eitriger Kot und eine Verschlechterung des Allgemeinbefindens ein — allerdings nicht in dem Ausmaß wie bei einer Amöbiasis. Die Sektion gestorbener Tiere zeigte nekrotische, eitrige bis geschwürige Verände-

Bild 29. Derartige Veränderungen des Darmes sind eine Folge von Trichomonaden-Befall. An den Stellen mit der frischen Blutung war der Darm verwachsen und ließ eine Passage des Nahrungsbreies nicht mehr zu. Aufnahme R. Hackbarth

Bild 30. Im gefärbten Ausstrich lassen sich Trichomonaden leicht anhand ihrer Geißeln erkennen (im Unterschied zu den unbegeißelten Amöben). Aufnahme R. Hackbarth

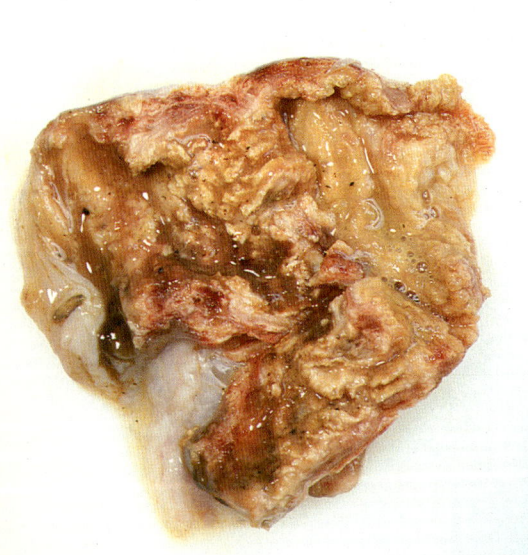

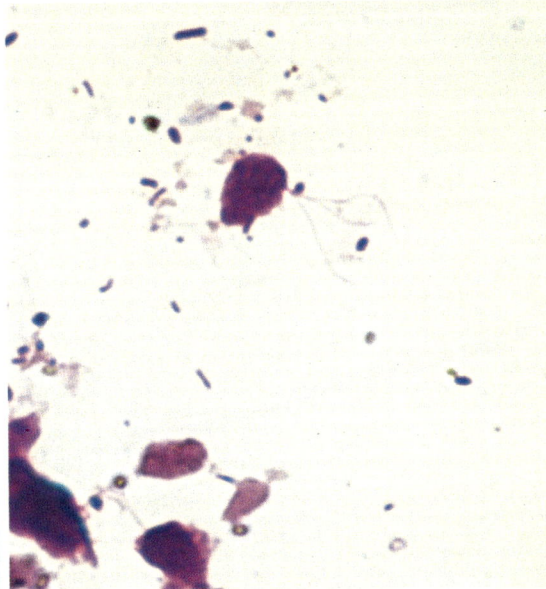

rungen des Verdauungstraktes — einschließlich des Magens; Abstriche und histologische Schnitte ließen einen Massenbefall durch Trichomonaden erkennen.

Auch bei einer Trichomonaden-Infektion hat sich die Behandlung mit Clont® als wirkungsvoll gezeigt.

Wurmkrankheiten

Unter Würmern versteht man langgestreckte, zweiseitigsymmetrische, wirbellose Tiere, von denen eine ganze Reihe parasitisch in oder an Tieren und Menschen lebt.

Bei den Reptilien treten Vertreter der Saugwürmer (Trematoden), Bandwürmer (Cestoden), Fadenwürmer (Nematoden) und Kratzer (Acanthocephalen) oder deren Larvenstadien als Parasiten und Krankheitserreger auf.

Viele dieser Wurmarten durchlaufen in ihrer Entwicklung mehrere Larvenstadien, die wiederum verschiedene Wirte benötigen. Da die Entwicklungszyklen dieser Würmer recht kompliziert sind, wollen wir im Rahmen dieses Buches auf eine ausführliche Beschreibung verzichten und uns nur mit den pathogenen Erscheinungen, dem Bestimmen einiger Wurmgruppen und ihrer Bekämpfung beschäftigen.

Um eine gezielte medikamentöse Behandlung durchführen zu können, sollte man wissen, von welchen Würmern das Tier befallen ist. Hier hilft eine mikroskopische Untersuchung des Kotes, in dem sich bei Wurmbefall stets mehr oder weniger viele Wurmeier befinden, anhand derer man die Gruppe bestimmen kann. Da Vorbeugen stets besser ist als Heilen, sollte der gewissenhafte Reptilienpfleger regelmäßig den Kot seiner Tiere untersuchen lassen. Zum Einsenden an die betreffenden Untersuchungsstellen nimmt man ein kirschgroßes Stück frisch abgesetzten Kot, das man am besten in ein Plastikröhrchen füllt. Das Röhrchen sollte auf jeden Fall mit dem Artnamen des Tieres versehen sein. „Massenkotproben" (auch diese gehen ab und zu bei den Untersuchungsstellen ein) nützen gar nichts, sie geben zwar einen positiven oder negativen Befund, aber der Besitzer der Reptilien weiß dann immer noch nicht, welches seiner Tiere Würmer hat und welches nicht.

Fadenwürmer (Nematoden)

Unter den Würmern, die in oder an Reptilien parasitieren, nehmen die Nematoden die erste Stelle ein. Diese Würmer können fast alle Organe besiedeln, halten sich jedoch bevorzugt im Magen-Darmtrakt und in der Lunge auf und sind vor allem bei Fleisch- und Aasfressern zu finden. Stark befallene Tiere zeigen — entgegen ihrer Nahrungsaufnahme — zunehmende körperliche Schwächung, apathisches Verhalten, Ausblassen der Körperfärbung, manchmal auch Durchfall, eingefallene Muskelpartien und Augenhöhlen.

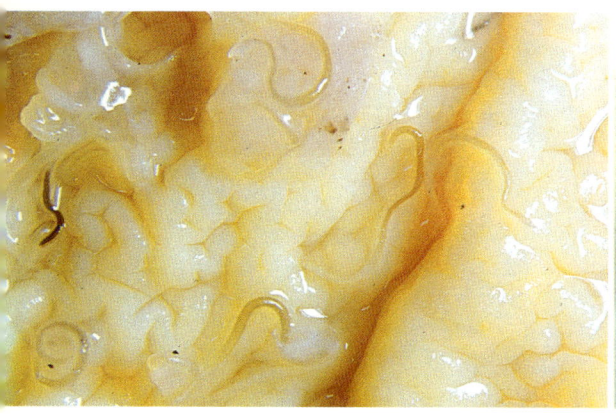
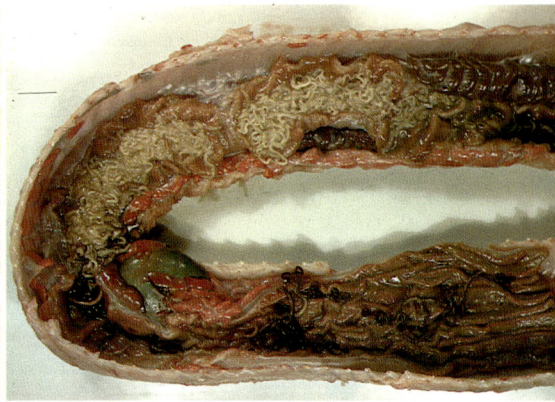

Bild 31. Massenbefall mit Würmern ist bei Reptilien keine Seltenheit, vor allem bei Jungtieren oder Frischimporten. Regelmäßige Kotuntersuchungen auf Wurmeier würden viele Todesfälle vermeiden lassen. Aufnahme R. Hackbarth

Bild 32. Ein solch starker Nematoden-Befall im Magen-Darm-Trakt bewirkt nicht nur eine Verstopfung, sondern auch großflächige Zerstörungen des Gewebes. Aufnahme R. Hackbarth

Bild 33. Nematoden kommen aber nicht nur im Verdauungstrakt vor, es gibt auch einige Arten, die die Lunge befallen und zum Erstickungstod ihres Wirtes führen können. Aufnahme R. Hackbarth

Bild 34. Nicht nur erwachsene Nematoden schädigen ihren Wirt, oft richten ihre Larven viel größere Schäden an. Hier haben sich Nematodenlarven in der Leber eingenistet. Aufnahme R. Hackbarth

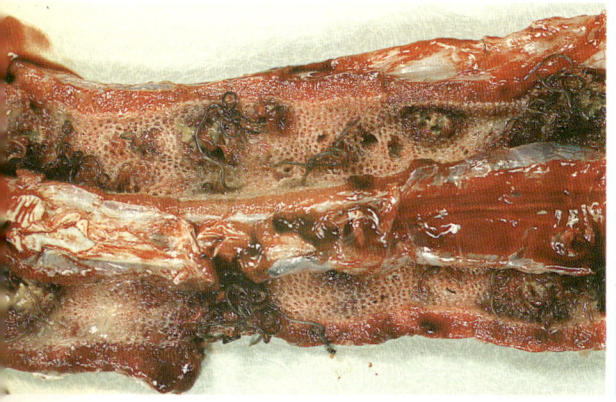
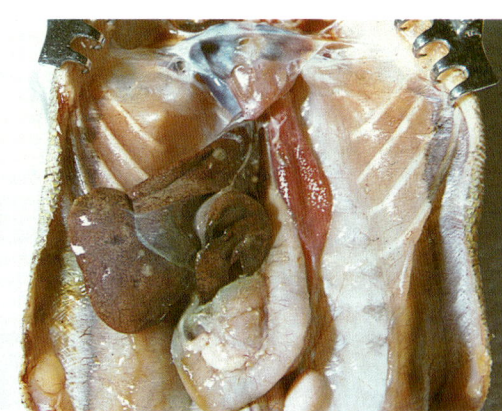

Bei der Sektion gestorbener Tiere zeigte es sich dann: Massenbefall mit Nematoden im Magen-Darmtrakt, oftmals auch Fadenwürmer in der freien Körperhöhle, großflächige, eitrige Entzündungen mit Geschwürbildung an den Magen-Darmwänden, eingekapselte Cysten an und in Organen oder Bauchfellentzündung, die dadurch entstand, daß durch offene Stellen im Darm Darminhalt in die freie Bauchhöhle ausgetreten war. Bei den magen- und darmbesiedelnden Arten handelt es sich in der Hauptsache um Spulwürmer (Ascariden), Madenwürmer (Oxyuren) und Zwergfadenwürmer (Strongyliden).

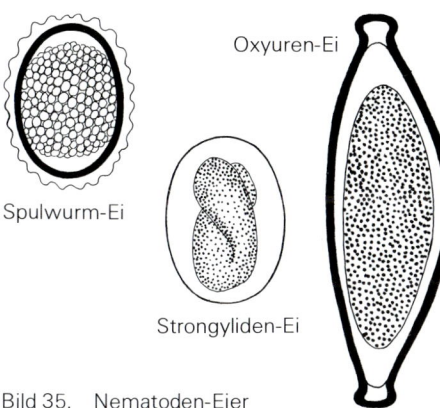

Oxyuren-Ei

Spulwurm-Ei

Strongyliden-Ei

Bild 35. Nematoden-Eier

Die Eier der Spulwürmer sind rund und dickschalig, Oxyuren-Eier sind oval, an einer Seite abgeflacht und enthalten zum Teil Embryonen, Strongyliden-Eier sind länglich-abgerundet, dünnschalig und enthalten im Innern ebenfalls mehr oder weniger weit entwickelte Embryonen.

Bei frühzeitigem Erkennen eines Nematoden-Befalls des Magen-Darmtraktes (regelmäßige Untersuchungen!) konnten durch eine Behandlung mit Mebendazol, Thiabendazol, Piperazin und Citarin L gute Erfolge erzielt werden. Zu spätes Erkennen und Massenbefall enden meist tödlich!

Schwieriger zu bekämpfen sind Lungennematoden (Rhabditen), Nematoden, die die Blut- und Lymphgefäße besiedeln (Filarien) und Nematoden, die im Gewebe parasitieren (Dracunculiden). Diese Gruppen können meist nur sehr schwer nachgewiesen werden und werden meist erst aufgrund größerer Schädigungen ihres Wirtes, wie z. B. Verstopfung der Blut- und Lymphgefäße, Nekrosen, Ödeme, Hautaufbrüche und Pneumonie, bemerkt.

Bei Verdacht auf einen Filarienbefall empfiehlt es sich, Blutabstriche anfertigen zu lassen. Bei positivem Befund kann in leichteren Fällen eine Behandlung mit Hetrazan zur Heilung führen.

Bandwürmer (Cestoden)

Cestoden (Bandwürmer) können sowohl als geschlechtsreife Tiere als auch als Larven im Darm von Reptilien parasitieren und bei Massenbefall oder bei Befall bereits geschwächter Tiere ihren Wirt schwer schädigen, da sie

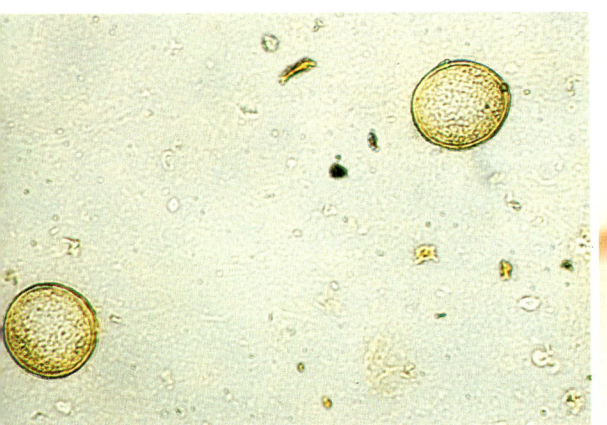
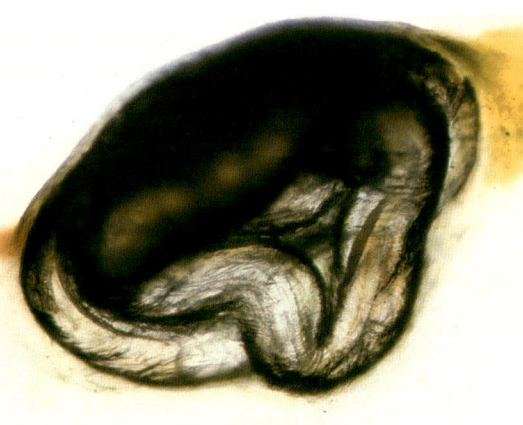

Bild 36. Ascariden-Eier (250fache Vergrößerung). Aufnahme R. Hackbarth

Bild 37. Schlüpfen einer Ascaris-Larve aus
dem Ei. Aufnahme R. Hackbarth

zum einen ihrem Wirt wertvolle Näh-
stoffe entziehen, zum andern zu Darm-
schleimhautentzündung oder Darm-
verstopfung führen können.

Adulte Bandwürmer können längere
Zeit, ja sogar Jahre unentdeckt im
Wirtskörper parasitieren, ohne nen-
nenswerte Veränderungen am Reptil
erkennen zu lassen. Bei den regelmäßigen Kotuntersuchungen lassen sie
sich aber entweder durch ihre Eier
(runde, dickwandige Eier, in denen 3
Häkchenpaare sichtbar sind) oder
durch abgestoßene, gelblich-weiße,
flache Glieder nachweisen. Auch wenn
das befallene Tier keine Schädigungen
zeigt, sollte man die Bandwürmer bekämpfen. Eine einmalige orale Verabreichung von Droncit reicht meist

schon aus. Wesentlich pathogener sind
die Larven der Bandwürmer, die durch
ausgedehnte Wanderungen im Wirtskörper große Schäden in Organen und
Geweben anrichten können. Leider
konnten diese Schäden fast nur bei
Sektionen gestorbener Tiere festgestellt werden, da vom äußeren Er-
scheinungsbild der Erkrankung nicht
auf Befall mit Cestodenlarven geschlossen wurde. Schwere Schädigungen der Leber und der Muskulatur
hatten den Tod verursacht.

Saugwürmer (Trematoden)

Saugwürmer (Trematoden) können bei
Reptilien in der Harn- und Gallenblase,
im Verdauungstrakt, der Niere und der
Leber, der Lunge und im Blutgefäßsy-

52

stem vorkommen. Diese Wurmgruppe ist zwar nicht selten (Trematoden-Eier können im Kot und im Urin nachgewiesen werden), pathogene Erscheinungen größeren Ausmaßes sind jedoch nicht bekannt; zudem ist eine gezielte Bekämpfung dieser Wurmgruppe recht schwierig.

Egel (Hirudineen)

Gelegentlich wurden an frischimportierten Schildkröten und Krokodilen Egel gefunden, die aber außer ihrer blutsaugenden Tätigkeit und damit eventuell verbundenen Abszeßbildungen keine weiteren Schädigungen ihres Wirtes erkennen ließen. In welcher Form sich Krankheiten durch Egel übertragen lassen, ist nicht erforscht. Egel lassen sich durch Betupfen mit Alkohol (medizinischem) und anschließendem leichtem Zug entfernen. Saugstellen können mit Antibiotikasalben oder -puder behandelt werden, um einer Infektion durch Bakterien u.ä. vorzubeugen. Die Saugstellen heilen in relativ kurzer Zeit aus.

Außenparasiten

Milben

Milben sind relativ kleine (0,1–7 mm) Spinnentiere mit gedrungenem, ungegliedertem Körper, 4 Beinpaaren (Larvenstadien haben nur 3 Beinpaare!) und beißenden, saugenden oder stechenden Mundwerkzeugen. Sehr viele

Bild 38 (ganz oben). Bandwürmer kommen in Reptilien nicht selten vor. Ihre Eier und oft auch Stücke des erwachsenen Tieres (Glieder) lassen sich im Kot gut nachweisen. Aufnahme R. Hackbarth

Bild 39. Bandwürmer stoßen regelmäßig ihre letzten Glieder, die gefüllt sind mit Eiern, ab und sorgen somit für die Erhaltung der Art. Aufnahme R. Hackbarth

53

Milbenarten leben parasitisch an oder in Tieren und Menschen und können große gesundheitliche Schäden verursachen.

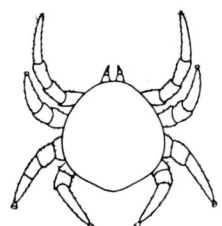

Bild 40.   Milbe

Bei Reptilien findet man in der Hauptsache die „Blutmilben" oder „Blutläuse", die sich vor allem in den Achseln, am Schwanzansatz, um die Augen herum, am Bauch und an den Schuppenunterseiten aufhalten und zum einen als direkter Schädling wirken (starker Blutentzug, Hautschäden), zum andern aber auch viele Krankheitserreger (Filarien, Bakterien) übertragen können. Die winzigen rötlich-braunen Tiere können sich bei günstigen Bedingungen (feucht-warm) in wenigen Wochen massenhaft vermehren und — vor allem bei jungen oder gestreßten Reptilien — den Tod ihres Wirtes verursachen.
Scheuern und kratzen sich Reptilien an Steinen und Ästen, suchen sie besonders häufig ihr Badebecken auf, dessen Wasseroberfläche nach dem Bad mit vielen dunklen Pünktchen übersät ist, so sind das sichere Anzeichen für einen Milbenbefall.

Zur Bekämpfung dieser Parasiten gibt es verschiedene Möglichkeiten: Das befallene Tier wird mit Lebertransalbe eingerieben und in einem weißen Leinensäckchen (täglich wechseln!) untergebracht, und zwar so lange, bis am Tier und im Leinensäckchen keine Milben mehr zu finden sind. Sie können aber auch das Leinensäckchen mit einer 0,2%igen Neguvon®-Lösung einsprühen und anschließend gut trocknen lassen. Danach setzt man das befallene Tier ca. 12 Stunden in das vorbehandelte Säckchen. Durch die gleichmäßige Abdunstung des Neguvons aus dem Gewebe des Säckchens sterben die Milben ab. Nie das Tier selbst einsprühen! Vorsicht auch bei Jungtieren, die in mit Neguvon behandelten Säckchen untergebracht werden — gelegentlich treten hier leichte Vergiftungserscheinungen auf! Dagegen konnten mit Bolfospray und -puder beim Verfasser bessere und schnellere Erfolge erzielt werden: Der Kopf des Tieres wird abgedeckt, der Körper gegen den Strich aus ca. 15 cm Entfernung eingesprüht. Mit einem Wattestäbchen, das mit dem Spray besprüht war, Augen, Lippen und Kopfregion vorsichtig abtupfen und danach das Tier in ein Leinensäckchen legen. Schon nach kurzer Zeit fallen die Milben ab. Die Bekämpfung muß so lange erfolgen, bis auch die letzten Milben aus den Eiern unter den Schuppen ausgeschlüpft sind und erfaßt werden können. Parallel hierzu muß das Ausräumen und Desinfizieren der gesamten Terrarienanlage erfolgen! Dies sollte auch sehr gründlich und wiederholt geschehen. Bodengrund und Äste können nicht mehr verwendet werden, da in ihnen meist noch viele Milbeneier ruhen, die einen erneuten Massenbefall herbeiführen würden.

Sind keine Plagegeister mehr vorhanden, empfiehlt es sich, den Patienten in ein lauwarmes Kamillebad zu setzen, bevor er in die saubere und gut belüftete Anlage zurückgesetzt wird. Eine Behandlung eventuell entzündeter Bißstellen mit Antibiotikasalben führt zur baldigen Abheilung. Leichte Vitaminbeimengungen im Futter verleihen dem Patienten bald neue Kräfte.

Zecken

Zecken sind etwas größer als Milben und kommen nur als Außenparasiten vor. Sie schädigen das befallene Tier durch starken Blutentzug und/oder die

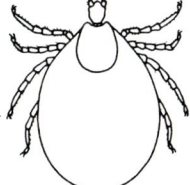

Bild 41. Zecke

Übertragung von Blutfilarien. In den meisten Fällen lassen sie sich gut mit

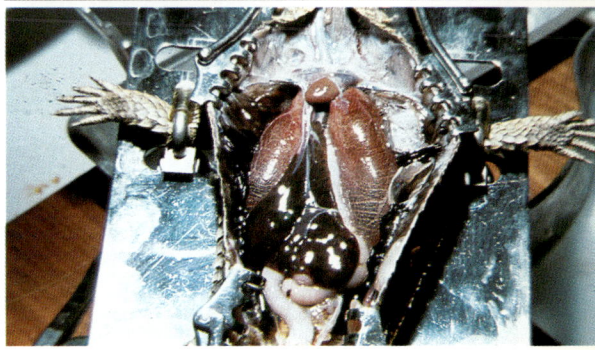

Bild 42 (ganz oben). Dieser Gürtelschweif starb an einer ausgedehnten Nekrotisierung vom unteren Bauch bis zur Schwanzhälfte. Ein Kreislaufzusammenbruch ließ in beiden Lungenflügeln Ödeme entstehen. Ein massenhafter Befall mit Zecken führte zu den Hautverletzungen und dazu, daß Bakterien durch die offenen Wunden in den Körper eindringen konnten. Aufnahme R. Hackbarth

Bild 43. Parasitierende Milben und Zecken schaden dem Reptil nicht nur durch den permanenten Blutentzug, durch die Saugstellen können vermehrt Bakterien in den Körper gelangen. Die Milben und Zecken können aber selbst auch oft Überträger der verschiedensten Krankheitserreger sein. Aufnahme R. Hackbarth

Hilfe einer stumpfen Pinzette durch vorsichtiges Hin- und Herdrehen entfernen, wobei darauf zu achten ist, daß die Mundwerkzeuge mit herausgedreht werden. Sitzen die Zecken zu fest, so trägt man eine zähe Vaseline um den gesamten Zeckenkörper auf, so daß die Tiere bald erstickt abfallen. Die Ausräumung des Terrariums ist auch bei Zeckenbefall dringend notwendig, da sich die Zecken meist nachts am Wirtskörper vergreifen, sich tagsüber aber im Terrarium verkriechen. Bißstellen müssen mit Antibiotikasalben behandelt werden.

Nichtparasitäre Erkrankungen

Bei den nichtparasitären Erkrankungen stehen Schädigungen durch schlechte oder falsche Haltung und/oder Ernährung an erster Stelle. Das ist um so betrüblicher, als es genügend Fachliteratur, Vereinigungen und Verbände gibt, die sich mit der Haltung, Ernährung und Zucht von Reptilien befassen!

Ernährungs- und Haltungsfehler

Überfütterung
In Gefangenschaft gehaltene Reptilien sterben eher an Verfettung als an Abmagerung. Dies beruht zum einen auf einer viel zu einseitigen Ernährung, zum andern auf viel zu häufigem Füttern.

Wer macht sich denn noch die bescheidene Mühe, Wiesenplankton für kleinere Echsen zu besorgen? Wer hat denn in irgendeinem stillen Winkel seiner Wohnräume noch verschiedene Futtertierzuchten (Wachsmottenlarven, Fruchtfliegen, Fliegen, Heuschrecken)? Wer sammelt denn Regenwürmer oder Schnecken für seine Schildkröten, Geckos oder Echsen, um seinen Pfleglingen eine kleine Abwechslung im Speiseplan anzubieten? Eine möglichst abwechslungsreiche Nahrung schützt nicht nur vor Verfettung durch Verfüttern leicht zu kaufender Mehlwürmer, sie hat auch schon manches freßunlustige Tier wieder zur Nahrungsaufnahme bewogen!

Nun gibt es aber auch Nahrungsspezialisten unter den Reptilien, wie z. B. die Krötenechse, die sich von Ameisen und deren Eiern ernährt, oder Schlangen, die nur Eidechsen oder kleinere Artgenossen fressen. Hier ein guter Rat: Lassen Sie diese Arten in ihrer Heimat weiter auf Nahrungssuche gehen — Sie tun sich und den Tieren den größten Gefallen!

Der Nahrungsbedarf eines Reptils ist abhängig von der Größe des Tieres, seinem Alter, der Umgebungstemperatur und seiner Aktivität. Schlangen z. B. können sehr lange ohne Nahrung auskommen und sollten daher in Gefangenschaft maximal alle 2 Wochen

Bild 44 a und b. Durch Überfütterung haben sich hier in den inneren Organen, vor allem der Leber, kristalline Ablagerungen abgesetzt, die die Funktion des Organes stark beeinträchtigen. Aufnahmen R. Hackbarth

Bild 45 a. Diese Leber ist nur noch ein reines Fettorgan — hervorgerufen durch einseitige, reichhaltige und häufige Ernährung. „Fettleber" ist leider ein recht häufiges Sektionsergebnis. Aufnahme R. Hackbarth

Bild 45 b. Diese histologische Aufnahme beweist es: Es sind kaum noch Leberzellen vorhanden — wie kann da das Organ noch arbeiten? Aufnahme R. Hackbarth

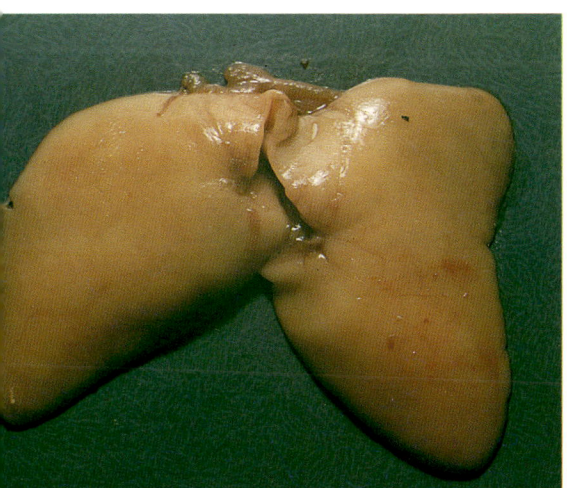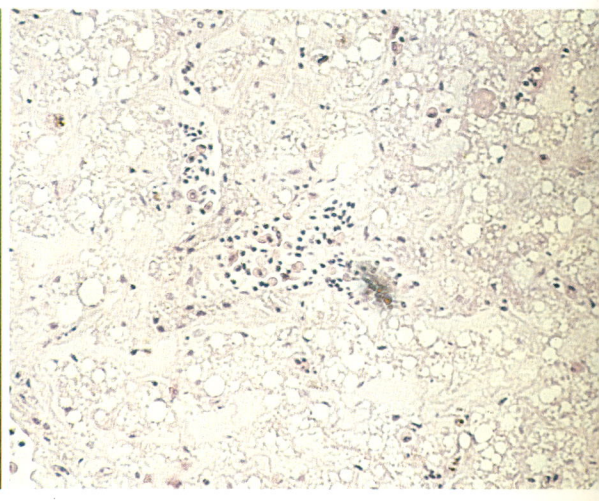

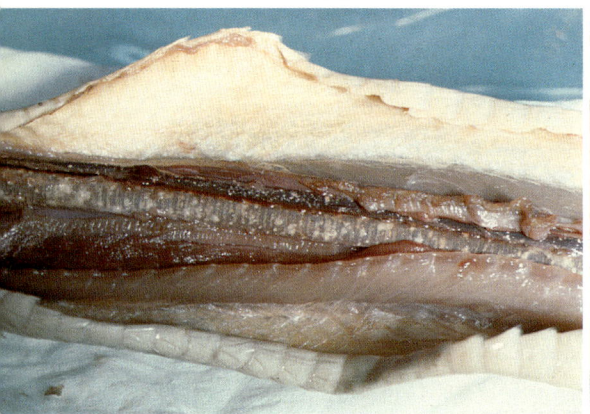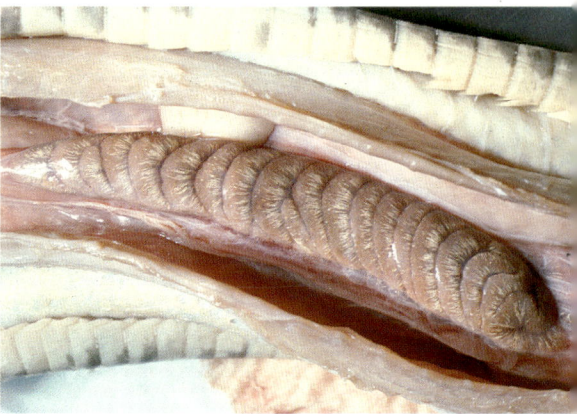

Bild 46 a und b. Stoffwechselerkrankungen, bewirkt durch Überfütterung oder einseitige Ernährung, lassen ihre Spuren deutlich sichtbar an allen inneren Organen zurück. Derartig beeinflußte Organe (links Luftröhre, rechts Niere) können ja nicht mehr funktionieren. Aufnahmen R. Hackbarth

gefüttert werden. Dem Autor sind genügend Fälle bekannt, in denen sie über 10 Monate die Nahrung verweigerten, bei bester Gesundheit blieben, um dann wieder Futter anzunehmen. Bei zu häufigem und zu üppigem Nahrungsangebot wird das Futter nicht vollständig verwertet, sondern Überschüsse werden in Fettdepots angelegt (Geckos z. B. halten für Notzeiten in ihren Schwänzen Reserven bereit). Sind diese Überschüsse aber zu groß, so lagern sich Fett und andere Überschüsse nicht nur in den dafür vorgesehenen Depots, sondern auch in oder an Organen ab, so daß diese nicht mehr voll funktionsfähig sind.

Leberverfettung, Herz- und Aortenein-

Bild 47. Überfütterung und zusätzliche Kalkgaben führten zu diesem Blasenstein. Aufnahme R. Hackbarth schlüsse durch Kalkablagerungen, Verkalkung der Nieren und Nierenkanäle, Bildung von Nieren- und Blasensteinen, weißlich-gelbe Harnsäureablagerungen in Leber und Niere, durch Cholesterin- und Kalkablagerungen in den Arterien entstandene Sklerosen, manchmal mit totalen Verschlüssen, sind oft Folgen einer Überernährung. Bei 95% an diesen Erkrankungen gestorbener Reptilien wurde als Ursache eine Überernährung festgestellt. Sind derartige Erkrankungen schon zu weit fortgeschritten und Organe in großem Umfang betroffen, ist eine Heilung kaum mehr möglich. Das Erkennen solcher Erkrankungen gilt jedoch als sehr schwierig. Daher sollte man lieber vorbeugen und seinen Pfleglingen öfters einmal Fastentage einräumen. Daß z. B. ein Python von 4 m Länge ein Gewicht von 60 kg aufweist, deutet zwar auf eine ausgezeichnete Ernährung hin (Aussage eines Schlangenliebhabers), schützte das Tier aber nicht vor einem frühzeitigen Tod!

Vitaminmangel (Avitaminose)

Vitamine sind lebensnotwendige Stoffe, die der tierische oder menschliche Organismus jedoch nicht oder nicht in ausreichender Menge herstellen kann und die daher über die Nahrung aufgenommen werden müssen.
Einseitige oder falsche Ernährung führt daher oft zu schweren Vitaminmangelerkrankungen (Avitaminosen).

Bild 48. Vitaminmangel äußert sich in Wachstumsstörungen, Knochenerweichungen, Verkrüppelungen, trägem und uninteressiertem Verhalten. Dieser kleine Leguan benötigt dringend Vitamine. Aufnahme R. Hackbarth

So verursacht z. B. Vitamin-D-Mangel Knochenerweichung, Rachitis, Zahnausfall, leichte Knochenbrüche, Panzererweichung oder -deformation bei Schildkröten, weiße Flecken auf dem Panzer von Schmuckschildkröten, Vitamin-A-Mangel führt zu Augenschäden wie Trübung und Schwellung, zu

Hautentzündungen, Vitamin-B-Mangel bei Echsen zu Lähmungserscheinungen an Hinterbeinen und Schwanzwurzel und zu akuten Verdauungsstörungen. Häutungs- und Wachstumsschwierigkeiten, Mundfäule, Hautveränderungen wie Flecken, Risse, Erblassen, vermehrte Infektionsanfälligkeit und Gleichgewichtsstörungen können als Ursache einen akuten Vitaminmangel haben.

Avitaminosen zu heilen, ist weitaus schwieriger, als über die Nahrung ausreichend Vitamine anzubieten:

Bei den Vegetariern unter den Reptilien ist dies etwas einfacher als bei den fleischfressenden Arten. Hier stehen die verschiedensten Obst- und Gemüsesorten zur Verfügung. Honig, ein Krümelchen Hefe, kleine Stückchen Herz, Leber und Muskelfleisch, Wachsmottenlarven oder 1–2 Tage alte Jungmäuse ergänzen das abwechslungsreiche Nahrungsangebot. Je mehr verschiedene Nahrung Sie anbieten, um so mehr profitiert Ihr Tier. Um herauszufinden, was das Reptil so alles frißt, handelt man am besten nach der Devise: Probieren geht über Studieren!

Fleischfressende Reptilien sollten mit Multivitaminpräparaten versehene Futtertiere oder Fleischbrocken bekommen.

Manche Tiere fressen ab und zu aber auch ganz gerne etwas Obst oder süße Gemüsearten.

Durch Untermischen von Weizenkleie, Haferflocken, Eigelb, pflanzlichen Samen und kleingehackten Fischstückchen läßt sich der Speiseplan noch abwechslungsreicher und nahrhafter gestalten.

Tieren, die nur Lebendfutter annehmen, muß man entweder Vitamingaben über das Trinkwasser zuführen, oder aber man injiziert dem Futtertier kurz vor dem Verfüttern die notwendigen Vitamine. Im Frühstadium lassen sich Vitaminmangelerkrankungen relativ leicht durch richtig dosierte, über einen längeren Zeitraum zugeführte Vitamingaben behandeln – Knochenveränderungen, Augentrübungen, Panzerdeformationen und ähnliche Schäden können jedoch nicht mehr rückgängig gemacht werden.

Vitamin-D-Mangelerscheinungen wie z. B. Knochenerweichung und Rachitis sollten mit genau dosierten Vitamin-D- und Kalziumgaben sowie zusätzlicher UV-Bestrahlung behandelt werden. Vorsicht, eine zu lange Einwirkung von UV-Strahlung ist schädlich! UV-Lampen nicht tiefer als 80 cm über dem Tier anbringen und nicht länger als 3 Minuten strahlen lassen. Eine zweimalige Bestrahlung pro Woche reicht vollkommen aus!

Vitaminüberschuß (Hypervitaminose)

Wer nun meint, seinen Reptilien einen besonderen Dienst zu erweisen, indem er die Tiere mit Vitaminpräparaten „vollpumpt", der hat sich getäuscht. Zuviele Vitamine können mitunter ebenso schwere Schädigungen des Organismus bewirken wie zuwenige! Bei zu reichlichen Vitamin-D-Gaben z. B. setzt eine Verkalkung der Arterien ein, unkontrollierte Knochen- und Knorpelwucherungen können auftreten, zuviel Vitamin A bewirkt unkontrollierbare Blutungen in den inneren Organen.

Dem Autor begegneten solche Vitaminüberschußerkrankungen (Hypervitaminosen) vor allem bei Jungtieren, deren Pfleger ihren Zöglingen durch erhöhte Vitamingaben etwas „besonders Gutes" tun wollten!

Kalk- und Calciumpräparate sind — wie oft fälschlicherweise angenommen — keine Vitamine, sollen aber gerade wegen dieses Irrtums in diesem Kapitel angeführt werden. Leider wird den Reptilien recht häufig als „vorbeugende Maßnahme" Kalk in Form von Tabletten u.ä. zusätzlich angeboten. Reptilien scheiden überschüssige Salze über die Nieren, die Hardersche Drüse und durch Ausniesen aus. Sind jedoch zuviel Überschüsse vorhanden,

lagern sich diese in Form von Kalkansammlungen im Nierengewebe, an Herzwänden und Arterien, manchmal auch in der Muskulatur und in den Knochen ab. Mitunter entstehen auch Nieren- und Blasensteine, die meist ohne operative Hilfe nicht zu entfernen sind. Man sollte daher lediglich Jungtieren alle 3 Monate einmal ein wenig Kalk in Form von zerstampften Eier- oder Sepiaschalen oder Ringerlösung anbieten. Bei ausgewogener, abwechslungsreicher Nahrung sind keine zusätzlichen Kalkgaben notwendig, da genügend Kalk durch Futtertiere u.a. in Form des Knochengerüstes vorhanden ist.

Ödeme

Bei bestimmten Natter-Arten und wüstenbewohnenden Geckos konnte der Autor Ödembildungen (Schwellungen infolge einer Ansammlung wäßriger Flüssigkeit in den Gewebsspalten) in

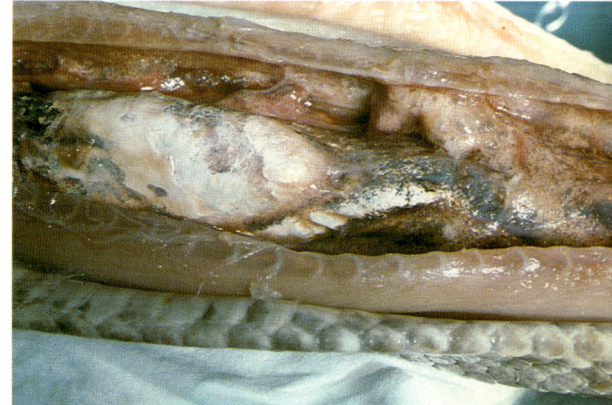

Bild 49. Aber auch zu viele Vitamine können tödlich sein. Hier haben sich Kalk und zu viele Vitamingaben sehr negativ auf Herz und Aortenbögen ausgewirkt — durch die massiven Ablagerungen konnte der Kreislauf nicht mehr aufrechterhalten werden. Aufnahme R. Hackbarth

der Haut oder unter den Achselhöhlen beobachten, die wahrscheinlich auf eine zu feuchte Haltung der Tiere zurückzuführen waren, da keine Keime oder Erreger in der Flüssigkeit gefunden werden konnten.

Erkältungskrankheiten

Nicht selten sind Erkältungskrankheiten eine Folge mangelnder Pflege — Zugluft, kaltes Badewasser, zu große Temperaturschwankungen, Feuchtigkeit, all diese Faktoren spielen eine große Rolle, wenn Reptilien Nasenausfluß, triefende Augen, Husten und Schnupfen bekommen!
Im Frühstadium lassen sich Erkältungen mit Wärme, Infrarotbestrahlung, Einreiben des Brustkorbs und der Nasenregion mit Eukalyptus-Öl kurieren. Geringe Vitamin-C-, -A- und -B$_{12}$-Gaben beschleunigen die Heilung. Im fortgeschrittenen Stadium helfen nur noch Antibiotika.

Verdauungsstörungen

Durch falsche Ernährung kann es hin und wieder zu Durchfall und ähnlichen Verdauungsstörungen kommen. Hier leisten dem Futter beigemengte Kohletabletten meist gute Dienste, aber auch Bananen und Apfelstücke, die von fast allen Echsen und Schildkröten gern genommen werden, sind hier gute Heilmittel.
Verletzungen der Zunge und des oberen Kiefers, in dem sich das Geschmacks- und Geruchsorgan (Jacobsonsches Organ) befindet, machen eine Nahrungsaufnahme unmöglich, das Tier ist also völlig auf seinen Pfleger angewiesen. Humaner allerdings wäre auch hier das Einschläfern des erkrankten Tieres.

Darmvorfall (Prolapsus)

Durch starken Durchfall, aber auch durch Verstopfung kann bei einem Reptil der Darm vorfallen, d. h., er ragt mehr oder weniger weit aus der Kloake hervor. Solange noch keine große Schädigung vorliegt, kann dieser Prolapsus von einem Arzt reponiert werden. Wichtig ist, daß man — sobald man dies entdeckt — vorsichtig die Kloakenregion mit einem feuchten Verband versieht, damit der herausragende Darmteil nicht austrocknet und sich die Darmschleimhaut neu aufbauen kann. Wird ein Darmvorfall nicht sofort entdeckt und ist die Farbe des Darmes schon dunkelblau bis schwarz, kann nur noch ein sofortiges Entfernen des abgestorbenen Darmteiles Schlimmeres verhindern. Eine solche Operation läßt sich bei einem sonst gesunden Reptil ohne weiteres durchführen und führt zur baldigen Genesung.

Legenot

Schlechte Haltung, Streß, zu unruhige Terrarienmitbewohner, keine geeigneten Plätze zur Eiablage können die Ursache der Legenot vieler Reptilien-

Bild 50. Diese Echse kam glücklicherweise noch rechtzeitig in Behandlung. Der Darmvorfall — verursacht durch Verstopfung — konnte mit Hilfe von physiologischer Kochsalzlösung vor dem Absterben bewahrt und wieder reponiert werden. Aufnahme R. Hackbarth

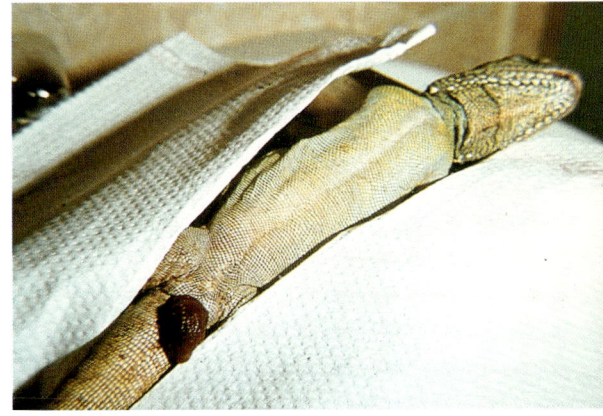

weibchen sein. Meist stellt man die Legenot erst bei der Sektion fest. Bemerkt man jedoch bei einem weiblichen Reptil ein Anschwellen der Kloakenregion oder einen Kloakenvorfall, so sollte man — sind keine anderen Gründe für diese Schädigung zu finden — auf jeden Fall mit einer Legenot rechnen. In diesem Fall kann jedoch nur ein chirurgischer Eingriff das Tier vor dem Tod retten.

Häutungsschwierigkeiten

Abwechslungsreiches Futter, artgemäße Haltung und ausreichende Ba-

Bild 51 (unten). Besonders stachelige, harte Schwänze — wie hier beim Veränderlichen Dornschwanz (*Uromastyx acanthinurus*) — häuten mitunter schlecht aus, nicht selten verbleiben Hautreste bis zur nächsten Häutung übrig. Lauwarme Bäder helfen am ehesten, die alten Hautteile aufzuweichen, so daß man sie vorsichtig ablösen kann. Aufnahme B. Kahl

demöglichkeiten sind die besten Vorbeugemaßnahmen gegen Häutungsschwierigkeiten. Dennoch passiert es nicht selten, daß sich ein Reptil nur schlecht oder unvollständig häutet. Unvollständige Häutung kann aber der Anlaß zu verschiedenen Hauterkrankungen, z.B. Schuppenfäule (nekrotische Dermatitis), sein.

Häutungsschwierigkeiten lassen sich durch warme Bäder und Einreiben mit Lebertransalbe beheben. Hüten Sie sich aber vor dem gewaltsamen Entfernen noch verbleibender Hautpartien, das kann zu Verletzungen der Haut und zu entzündlichen Prozessen führen. Besonders gewarnt sei vor dem Hantieren am Auge! Überlassen Sie das dem erfahrenen Tierarzt. Sie können ihm die Arbeit aber erleichtern, wenn

Sie vor dem Arztbesuch das betroffene Auge mit etwas Vaseline bestreichen, die Sie kurze Zeit einwirken lassen; die gleiche Wirkung erzielt auch ein mit warmem Wasser getränkter Tupfer.

Verletzungen durch falsche Vergesellschaftung

Nicht selten trifft man auf Verletzungen, die durch planlose und unbedachte Vergesellschaftung bei Reptilien entstanden sind. Man kann sich ja wohl selbst vorstellen, was passiert, wenn man eine Schlange, bei der kleinere Echsen auf dem Speiseplan stehen, mit gerade diesen Tieren „vergesellschaften" will. Kein erfahrener und interessierter Reptilienpfleger wird sich wundern, wenn die Echsen — für den Laien auf unerklärliche Weise — „verschwinden"!

Beim Zusammensetzen mehrerer Reptilien in ein Terrarium sollte man in der ersten Zeit ein äußerst wachsames Auge auf die Tiere haben! Selbst Tiere ein und derselben Art verhalten sich in Gefangenschaft, und vor allem auf eng begrenztem Raum, ganz anders als in freier Natur! Ausgeprägtes Revierverhalten und ungenügende Fluchtmöglichkeiten lassen sie oft zu Furien werden. Kampf ums Futter, nichtendende Machtkämpfe um die oder das Weibchen und allgemeine, starke Unruhen herrschen in einem überbesetzten Terrarium oder bei schlechter Vergesellschaftung verschiedener Arten vor.

Bild 52. Ein Rotkehlanolis (*Anolis carolinensis*) bei der Häutung. Aufnahme B.Kahl

Bild 53. Besetzt man ein Terrarium mit mehreren Tieren, so kann es zu Raufereien kommen, bei denen nicht selten Gliedmaßen an- oder sogar abgebissen werden. Bei guter Wundversorgung und Pflege kann das verletzte Tier jedoch auch mit fehlenden Gliedmaßen gut leben. Aufnahme B.Kahl

Bild 54. Bißwunden — wie hier bei einem Haiti-Anolis — kommen immer wieder einmal vor. Sie heilen in der Regel jedoch recht schnell und komplikationslos aus. Bei der Häutung muß man jedoch darauf achten, daß auch die vernarbten Stellen gut aushäuten! Aufnahme B. Kahl.

Nicht selten enden die Kämpfe in tödlichen Beißereien, abgebissene Schwänze oder Zehen sind keine Seltenheit, die gestreßten Tiere bilden einen ausgezeichneten Nährboden für die verschiedensten Infektionen. Und was muß ein trächtiges Reptilienweibchen wohl mitmachen, wenn es nicht einmal in Ruhe seine Eier ablegen kann?

Schädigungen durch Umwelteinflüsse

Unachtsamkeit, Unkenntnis und Oberflächlichkeit des Tierhalters führen oft zu Verletzungen, die leicht verhindert

werden könnten – leider aber nicht selten sind!

So kommt es häufig vor, daß Tiere durch ungenügend befestigte Steinaufbauten oder Äste eingeklemmt oder gar erschlagen werden. Ungeschützte, zu tief hängende oder falsch aufgestellte Strahler und Heizungen führen oft zu schweren Verbrennungen. Spitze Steine und Äste, hervorstehende Schrauben und Nägel, angeschlagene Trinkgefäße oder falsches „Handwerkszeug" verursachen Riß- und Schnittwunden, ungestümes, unvorsichtiges Hantieren im Terrarium Quetschungen und Brüche. Falsche Anwendung von Medikamenten oder Desinfektionsmitteln, Insektiziden und Herbiziden, ungenügend gewaschene und geputzte Obst- und Gemüsesorten, am Straßenrand gesammelter Löwenzahn und Klee haben schon so manches Tier vergiftet. In zu tiefen Badebecken ohne ausreichende „Aussteigemöglichkeiten" sind schon viele Reptilien qualvoll ertrunken. Nichtschließende oder offengelassene Frontscheiben und heraushängende Echsenschwänze sind ein willkommenes Spielzeug für Katzen. So kurios sich diese Unfälle anhören, all dies und noch

Bild 55. Diesem Blauschwanz-Taggecko (*Phelsuma cepediana*) wurde bei einem Revierkampf ein Stück vom Schwanz abgebissen, das leider nicht mehr sauber nachgewachsen ist. Aufnahme B. Kahl

viel Unmöglicheres ist schon passiert! **Riß-, Stich-, Schnitt- und Bißverletzungen** müssen mit Wundpuder oder -salbe behandelt werden und heilen unter Antibiotikaschutz in den meisten Fällen komplikationslos aus. Größere, tiefere Wunden sollten vom Tierarzt behandelt und chirurgisch versorgt werden! Bei der nächsten Häutung sollte man die ausgeheilten Wundstellen jedoch besonders im Auge behalten, da an diesen Stellen die Häutung oft nicht einwandfrei vor sich geht und hier mit warmen Bädern oder Salbe nachgeholfen werden muß.

Abgerissene oder abgebissene Schwänze werden zum größten Teil regeneriert (Autotomie), manche Reptilienarten regenerieren sogar „verlorengegangene" Zehen zum Teil.

Leichte Verbrennungen behandelt man mit 1%iger Tannin- oder mit Lebertransalbe.

Bei **Verdacht auf Knochenbrüche,** die sich durch Nachziehen oder Hängenlassen der betroffenen Extremität oder durch abnorme Stellungen äußern, sollte das Tier auf jeden Fall geröntgt, die Bruchstelle vom Arzt versorgt werden. Der Bruch wird durch einen festen Verband fixiert und nach ca. 4 Wochen kontrolliert. In dieser Zeit sind die meisten Brüche komplikationslos verheilt. Eventuell auftretende starke Schwellungen an den Bruchstellen können mit entzündungshemmenden Salben versorgt werden.

Bild 56. Diese Strumpfbandnatter ist das Opfer eines ungeschützten Heizstrahlers geworden. Die Verletzungen, die durch die große Hitzeeinwirkung entstanden sind, sind aber bereits am Ausheilen. Das Tier wird zwar keinen Schönheitspreis mehr gewinnen, kann aber den Liebhaber immer noch durch sein Verhalten erfreuen. Aufnahme B. Kahl

Entzündungen, die durch leichtere Quetschungen entstehen, können ebenfalls mit entzündungshemmenden Salben behandelt werden.

Tragen Reptilien nach Quetschungen **Lähmungen** davon, bluten sie aus dem Maul und der Nase oder erholen sie sich nicht in kürzerer Zeit, so schläfert man die Tiere besser ein, um ein unnötiges Leiden zu vermeiden.

Ist ein Schwanz oder auch ein Bein stark gequetscht oder anderweitig so geschädigt, daß keine Heilung mehr möglich ist, sollte man, um eine allgemeine Sepsis zu verhindern, eine **Amputation** vornehmen lassen. Das Tier sieht dann zwar nicht mehr einwandfrei aus, ist aber in seiner Bewegungsfreiheit nur gering eingeschränkt und kann dem Pfleger noch viel Freude bereiten.

Bild 57. Auch dieser Scheltopusik (*Ophisaurus apodus*) ist ein Opfer unsachgemäß angebrachter Heizquellen geworden. Die Brandverletzung auf dem Kopf ist jedoch schon wieder gut ausgeheilt. Aufnahme B. Kahl

Bild 58 (unten) Verletzte Extremitäten sind bei guter Ausheilung – die natürlich eine gute Pflege voraussetzt – keine großen Behinderungen für das Tier. Dieser Waldskink kann mit seinem verstümmelten Vorderbein noch ganz gut leben und auf Beutefang gehen. Aufnahme B. Kahl

Vergiftungen durch Aufnahme von gespritzten Salatblättern, Obst- und Gemüsearten, von mit Insektiziden behafteten Futtertieren oder durch Einatmen giftiger Dämpfe (z. B. Desinfektionsmittelreste) äußern sich bei Reptilien in Form von Mattigkeit, Erbrechen und Durchfall, bei stärkeren Vergiftungen durch starke Krämpfe, Zuckungen und Atemnot. Hier ist rasche Hilfe geboten! Noch nicht erbrochene Nahrung, falls diese eine Ursache darstellt, sollte zum Auswürgen gebracht werden. Auf 30–33 °C temperierte Bäder tragen zu einer schnelleren Entleerung des Darmes bei. Sollten diese Bäder nicht helfen, verabreiche man ein mildes, aber rasch wirkendes Abführmittel. Milde Kreislaufmittel beugen einem Zusammenbruch des Blutkreislaufes vor und unterstützen die körperliche Konstitution. Bei Vergiftungserscheinungen, die auf giftige Dämpfe oder auf ein ungenügend ausgelüftetes, frisch desinfiziertes Terrarium zurückzuführen sind, muß das Tier sofort umgesetzt und gut belüftet werden (Vorsicht jedoch vor Zugluft!)!

Geschwulstbildungen

Da die Erforschung der Geschwulstbildungen – seien sie gut- oder bösartig, seien es echte oder unechte Geschwüre – bei den Reptilien noch in den Kinderschuhen steckt, kann hier auf die Beschreibung der einzelnen Arten verzichtet werden. In den allermeisten Fällen ist eine Heilung sowieso nicht zu erwarten. Geschwülste können sich im und am Körper einstellen, vor ihnen ist kein Organ geschützt. Sie wuchern mehr oder weniger schnell und sind nicht zu berechnen. Je nach Lage, Größe, Wachstumsschnelligkeit und Metastasenbildung bedeuten sie früher oder später in fast allen Fällen den Tod des befallenen Tieres. Lediglich bei den gutartigen Tumoren und Geschwülsten, je nach Lage und Größe, läßt eine rechtzeitige Spaltung eine geringe Heilungschance erhoffen. Dieser chirurgische Eingriff erfordert jedoch die Kenntnisse eines erfahrenen Tierarztes. Ansonsten sei folgender Rat beherzigt:

Solange betroffene Tiere sich nicht quälen müssen, solange sie nicht durch Zwangsfütterungen am Leben gehalten werden müssen, sich sonst keine starken körperlichen Schäden erkennen lassen, solange können diese Patienten noch gepflegt werden. In allen anderen Fällen sollte eine Einschläferung vorgezogen werden. Ob sich nun Geschwülste von einem befallenen Tier auf ein gesundes übertragen können, ob Futtertiere einen Einfluß auf die Geschwulstbildung haben, ist noch nicht geklärt.

Anomalien

Anomalien, wie abnormale Hautfärbungen, Doppel- und Mehrfachbildung von Köpfen, Schwänzen und Extremi-

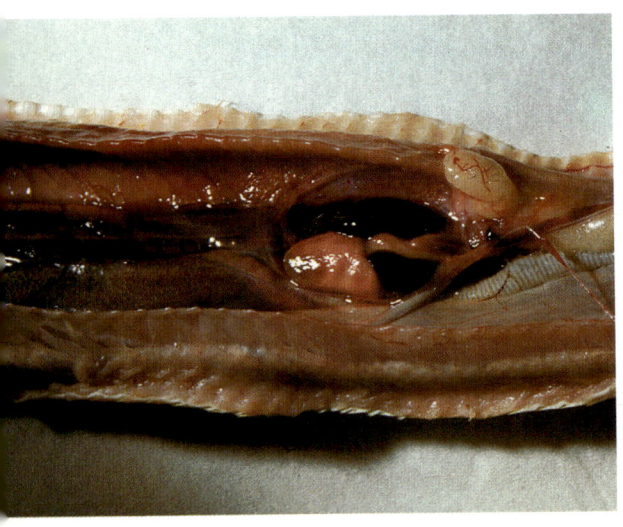

Bild 59. Blutungen in der Herzmuskulatur sind eine häufige Erscheinung von Infektions- oder Vergiftungskrankheiten. Aufnahme R. Hackbarth

täten, sollten, solange sie dem Tier nicht hinderlich sind, ruhig unbehandelt bleiben. In Fällen, in denen das Tier stark in seiner normalen Lebensweise gestört ist und in denen keine Heilung erzielt werden kann, wird zu einer schnellen, humanen Tötung geraten. Eine unnötig erzwungene Verlängerung des Lebens bereitet diesen Reptilien nur Qualen — auch in freier Natur könnten sie nicht lange existieren.

Ein wenig „Reptilienpsychologie"

Im Vergleich zum Leben in freier Natur ändern sich die Lebensbedingungen in Gefangenschaft gehaltener Reptilien gravierend — die angeborenen Verhaltensweisen bleiben jedoch erhalten. Um seinen Tieren eine einigermaßen artgerechte Unterbringung anbieten zu können, sollte ein guter Pfleger auch etwas über die Psyche seiner Pfleglinge wissen, die sich in Bewegungen, Veränderung der Gestalt und Farben ausdrückt. Er sollte informiert sein über das Revier- und Balzverhalten, das Im-

ponier- und Drohgehabe, über Kommentkämpfe und Demutsgesten, Feindvermeidung und Nahrungserwerb. Dieses Wissen kann er sich durch Lesen von Fachliteratur, durch Gespräche mit anderen Reptilienhaltern, vor allem aber durch ständiges und genaues Beobachten seiner eigenen Tiere aneignen.

So sollte das Terrarium so angelegt sein, daß beim Besatz mit mehreren Tieren (entweder der gleichen oder verschiedener Arten) jedes Tier ausrei-

70

chend Platz und genügend Deckungs- oder Fluchtmöglichkeiten besitzt, um sich den Angriffen stärkerer Gegner entziehen zu können. Tiere, die aktiven Nahrungserwerb betreiben, sollten ausreichend Bewegungsmöglichkeiten besitzen, Tiere, die passiven Nahrungserwerb betreiben, sollten ausreichende Tarnmöglichkeiten bekommen. Tagaktive Tiere müssen am Tage oder bei Helligkeit gefüttert werden, dämmerungs- oder nachtaktive Tiere bei Dämmerung oder Dunkelheit.

Beobachtet man seine Tiere genau und oft, so zeigen sie durch ihr Verhalten an, was sie benötigen und was ihnen fehlt. So sind z. B. in kleinen Terrarien schwächere Tiere ständig Kommentkämpfen, d. h. Kämpfen um ihr Territorium, ausgesetzt, die sich meist sehr negativ auf das schwächere Tier auswirken. Entscheidend für ein ausgeprägtes Revierverhalten sind jedoch nicht nur Größe, Alter und Stärke eines Tieres, sondern auch die Zeit, die sie bereits in dem Terrarium verbracht haben. So sollte man es tunlichst vermeiden, Neuzugänge in ein alteingerichtetes Terrarium mit alteingesessenen Reptilien einzusetzen. Diese Neuzugänge, die zudem meist noch vom Transport und vom Ortswechsel geschwächt und gestreßt sind, könnten nie und nimmer dem entstehenden Imponier- und Revierverhalten der alteingesessenen Tiere standhalten und würden sehr schnell ein Demutsverhalten erkennen

lassen, das unter Umständen sogar zum Tode führen kann. Solch ein Demutsverhalten läßt sich besonders gut bei Echsen beobachten, darf jedoch nicht mit dem sich ähnlich äußernden Balzverhalten verwechselt werden. Die Demutshaltung äußert sich entweder durch ein flaches Liegen am Boden mit geschlossenen Augen oder durch eine schnelle Auf- und Abbewegung der Vorderbeine, das sogenannte Treteln. Der stärkere Gegner wird durch diese Verhaltensweisen meist schon vorzeitig in seinem Angriff abgeblockt. Bemerkt man ein derartiges Verhalten bei gleichgeschlechtigen Partnern, so sollte man die Tiere trennen oder ihnen ein größeres Terrarium mit mehr Deckungsmöglichkeiten anbieten.

Haben Sie Ihrem Pflegling auch schon einmal genauer beim Beutefang zugesehen und entdeckt, daß der Schwanz erregt zuckt, bevor ein Zustoß gewagt wird? Gerade der Schwanz eines Reptils ist ein wichtiges Ausdrucksmittel, um Gemütsverfassungen anzuzeigen. Er wird z. B. eingesetzt, um einen Gegner abzuwehren (das typische Rasseln der Klapperschlangen), eine intensive Erregung anzudeuten (zuckende Bewegungen bei vielen Echsen) oder um um ein Weibchen zu balzen. Doch gibt es noch viele andere Möglichkeiten, Imponier-, Droh- oder Balzgebaren kenntlich zu machen: z. B. das Abspreizen der Kehlwammen oder Kragenhäute mit Aufreißen der Mäuler

Bild 60.   Unruhige und viel grabende Tiere ziehen sich, werden sie auf zu engem Raum gehalten und mit zu vielen Mitbewohnern vergesellschaftet, nicht selten Maulverletzungen zu. Auch beim Hantieren im Terrarium, in dem sich eine „Neuanschaffung" befindet, sollte man ruhig und vorsichtig sein. Ein zerstoßenes Maul ist schnell geholt, die Behandlung der Wunde oft jedoch recht langwierig. Aufnahme B. Kahl

(Anolis, Agamen, Leguane), Veränderungen der Körperfarben (Chamäleon), rhythmisches Bewegen von Kopf und Körper, Fauchen und lautes Zischen (Schlangen). Solche Einschüchterungstaktiken verdeutlichen höchste Wachsamkeit und sollen zum Ausdruck bringen, derartige Warnungen nicht zu ignorieren, da es sonst zum Kampf kommen würde. Man kann diese Ausdrucksmöglichkeiten in 3 Stufen einteilen, die besonders von Pflegern bissiger oder gar giftiger Tiere beachtet werden sollten, da die Reptilien nicht nur ihresgleichen, sondern auch dem Menschen gegenüber sehr deutlich und unmißverständlich anzeigen, wie weit man in ihre „Intimsphäre" eindringen kann und darf:

Leises Zischen oder Fauchen bei Schlangen, bescheidenes Abspreizen der Kehlwammen bei den Echsen, Andeuten einer Flucht bei Echsen und Schildkröten lassen die 1. Warnstufe erkennen. Läßt man das Tier in dieser Phase unbehelligt, klingen die Symptome sehr rasch wieder ab, die Tiere wenden sich wieder ihrer Gewohnheit zu.

Beachtet man diese Vorwarnungen jedoch nicht, so schwillt das Fauchen an und wird mit nervösen Zuckungen des Schwanzes verbunden, Echsen prägen die Kehlwammen noch intensiver aus, bekommen sogenannte Schockfarben, richten sich auf, um größer zu wirken, und halten den Schwanz (bei Leguanen, Agamen und Waranen) in Schlagbereitschaft, Schildkröten ziehen sich zögernd in ihren Panzer zurück. Läßt man die Tiere jetzt in Ruhe, so bleiben sie dennoch eine ganze Weile in Verteidigungsstellung und beobachten kritisch und wachsam ihre Umgebung.

Die 3. Phase verkörpert höchste Alarmbereitschaft und läßt erkennen, daß die „Spielerei" nun ein Ende hat. Jetzt geht das gestörte Tier entweder in eine ernsthafte Verteidigungsstellung oder zum Angriff über. Schlangen ringeln sich ein, den Kopf in der Mitte wie eine Stahlfeder zusammengezogen; nervöses und heftiges Züngeln verhilft zur raschen Orientierung über den Gegner, Zustoßen mit geöffnetem Maul kündet den direkten Angriff an. Danach erfolgen die echten, gezielten Zubisse (Giftschlangen geben nun auch Gift ab).

Echsen schlagen in der 3. Phase kräftig mit ihren Schwänzen zu und setzen auch ihre kräftigen Kiefer ein, mit denen sie sich ggf. auch festbeißen. Übelriechende Sekrete werden verspritzt oder ausgeschieden. Schildkröten verbergen sich in ihrem Panzer, und viele versuchen, von hier aus Bisse anzubringen.

Es ist schon beachtlich, mit welcher Energie und Ausdauer sich selbst manchmal noch so kleine Reptilien zur Wehr setzen — auch wenn der Gegner viel größer und überlegener ist.

Hilft dies jedoch alles nichts, so gibt es unter den Reptilien noch regelrechte Täuschungskünstler, die mit viel Raffinesse in eine passive Verteidigung übergehen, sich z. B. totstellen, einigeln, spitze Dornen oder Stacheln abspreizen oder gar Schwänze abwerfen, um den Gegner zu irritieren.

Imponier-, Droh- oder Balzgehabe bei den eigenen Artgenossen verlaufen ein bißchen anders und nach strengen Regelungen, die auch meist eingehalten werden. Die wesentlichen Unterschiede lassen sich bei genauer Beobachtung deutlich erkennen.

Nun denken Sie ja nicht, man könnte die Revierkämpfe einfach ausschalten, indem man die Reptilien in Einzelterrarien unterbringt. Das wäre ganz falsch, denn um die gesunde Aktivität der Tiere zu erhalten oder zu erreichen, sind soziale Über- und Unterlegenheiten mit all ihren Imponier- und Demutsgesten von großer Wichtigkeit. Durch ausgewogene räumliche Einteilungen des Terrariums durch Aufbauten von Ästen, Pflanzen oder Steinen, mehrere Wasserstellen, Wärme- und Lichtquellen kann diese Ordnung ohne ständige Rivalen-Duelle entstehen.

Wie bei uns Menschen gibt es auch bei den Reptilien die unterschiedlichsten

Charaktere: sensible und scheue, aggressive und beißfreudige. Bei den ruhigen Arten gibt es selten Probleme. Sie gewöhnen sich mit der Zeit an ihren Pfleger und holen mit großer Zutraulichkeit angebotenes Futter von ihm ab. Besonders Echsen neigen dazu, „handzahm" zu werden (Kunststücke lassen sich ihnen natürlich nicht beibringen).

Sogenannte Hektiker bereiten jedoch manchmal Kopfzerbrechen. Kaum sehen sie einen Menschen auf sich zukommen, geraten sie in Panik und versuchen zu flüchten, wobei es nicht selten vorkommt, daß sie sich ihre Köpfe an der Frontscheibe des Terrariums anstoßen und aufgeschlagene und blutige Mäuler davontragen. Diesen Tieren sollte man das Terrarium so einrichten, daß Äste, Steinaufbauten und Pflanzen bis an die Frontscheibe des Terrariums reichen, so daß die Tiere sich schnell in deren Schutz zurückziehen können. Sie verhalten sich dann dementsprechend ruhiger und sind auch nicht mehr so scheu. Man täuscht sich jedoch, wenn man glaubt, diese Aufbauten nach einiger Zeit der Ruhe wieder entfernen zu können, die allermeisten Reptilien, vor allem aber Basilisken, fallen sofort wieder in ihren alten Trott zurück und versuchen hektisch zu fliehen.

Auch die Exemplare, die keine Furcht zeigen und auch ab und an einmal ihre kräftigen Kiefer und Zähne gebrauchen, wenn der Pfleger sich ihnen nähert, beißen in den wenigsten Fällen sofort zu, sondern versuchen ihr Heil erst einmal in der Flucht. Wenn man diesen Tieren genügend Versteckmöglichkeiten im Terrarium anbietet, wird man sich wundern, was für „Feiglinge" man erworben hat.

Reptilien, die ab und zu gerne baden, das Wasser aber auch als Fluchtweg benützen, sind ebenfalls recht häufig. Hier genügt es nicht, eine kleine flache Wasserschale anzubieten, diese Tiere benötigen schon ein größeres Wasserbecken. Erfahrungen haben gezeigt, daß verschiedene Arten, bei denen die Fluchtmöglichkeit ins Wasser nicht gegeben war, schlecht fraßen und Schwierigkeiten bei der Häutung hatten. Hierzu noch eine kleine Episode: Als beim Autor das Wasserbecken im Terrarium einer Wasseragame für ein paar Tage zwecks Umbau geleert war, entstand folgender Zwischenfall: Ein Besucher wollte sich die Wasseragame etwas genauer aus nächster Nähe ansehen. Da diese Annäherung der Wasseragame bedrohlich erschien, sprang sie von ihrem Ruheplatz auf einem Ast direkt in das leere Wasserbecken, schloß die Augen und ruderte mit dem Körper und dem Schwanz, als ob Wasser vorhanden sei. Nach einer Weile stellte sie sich auf und äugte in die Landschaft. Als der „Eindringling" immer noch in ihrer Nähe stand, „tauchte" sie kurzerhand unter, schloß erneut die Augen und „schwamm" munter weiter. So lustig dieser Vorfall sich anhört, so deutlich sieht man hieraus das angeborene Verhalten des Tieres. Bei verschiedenen Echsen wurde häufiger eine andere Verhaltensweise beobachtet, die weder auf eine Häutung noch auf sonstige Einflüsse zurückzuführen war. Die Tiere sprangen ins Wasser, drehten und schüttelten ihren Körper und kratzten anschließend

mit ihren Vorder- und Hinterpfoten jede erreichbare Stelle am Körper. Diese „Bäder" nahmen sehr viel Zeit in Anspruch und wurden sorgsam durchgeführt. Danach waren die Tiere so erschöpft, daß sie sich auf ihren Ruheplatz an einer Wärmequelle zurückzogen, ihre Extremitäten herunterhängen ließen und dann bis zur Dämmerung schliefen, um danach noch einmal für kurze Zeit mobil zu sein, bevor die endgültige Nachtruhe eintrat. Man sollte meinen, sie übten eine regelrechte Toilette aus. (Um Komplikationen beim Baden zu vermeiden, sollte die Wassertemperatur keinesfalls höher als die Raumtemperatur sein, da sich die Tiere sonst außerhalb des Wassers erkälten würden. Es wird empfohlen, die Wassertemperatur zwischen 18–20°C einzupendeln.)

Bild 61.   Zu enge Terrarien, scharfe und spitze Einrichtungsgegenstände, unvorsichtiges und hektisches Hantieren im oder vor dem Terrarium sind die meisten Gründe für aufgestoßene Mäuler. Dieser Stirnlappenbasilisk (*Basiliscus plumifrons*) z. B. war in einem viel zu kleinen Terrarium untergebracht, dessen Bodengrund zudem noch aus hartem Kies bestand. Aufnahme B. Kahl

Medikamente zur Behandlung erkrankter Reptilien

Kranke Reptilien sind ein Problem für jeden Reptilienliebhaber — nicht zuletzt deswegen, weil es nur wenige Tierärzte gibt, die sich auf dieses Gebiet spezialisiert haben. Es gibt jedoch eine ganze Reihe ausgetesteter Medikamente, die sich zur Behandlung erkrankter Reptilien eignen. Einige dieser Medikamente bekommt man nur auf Rezept, andere sind nur apothekenpflichtig. Man sollte sich jedoch auf jeden Fall vor einer medikamentösen Behandlung seines erkrankten Tieres den Rat eines Fachmannes (Tierarzt, erfahrene Reptilienpfleger, Zoologische Gärten) einholen, da man bei unsachgemäßer Behandlung mehr schaden als nützen kann.

Die Deutsche Gesellschaft für Herpetologie und Terrarienkunde (DGHT) hat für ihre Mitglieder Untersuchungsstellen geschaffen, an die kranke oder tote Tiere eingesandt werden können und von der man einen genauen Untersuchungsbefund und Ratschläge zur Behandlung erkrankter Tiere oder zur vorbeugenden Behandlung der „Mitbewohner" eines erkrankten oder verstorbenen Tieres erhält. An diese Untersuchungsstellen kann man auch Kotproben einsenden, anhand derer man einen Wurmbefall relativ frühzeitig erkennen kann.

In den folgenden Tabellen sind ausgetestete Medikamente zur Behandlung von bakteriellen Erkrankungen, Pilzerkrankungen, gegen den Befall mit Einzellern, Würmern, Milben und Zecken, gegen Erkältungskrankheiten, Magen- und Darmerkrankungen, Verbrennungen, Biß- und Rißwunden, Vitaminmangel und zur Desinfektion von Wunden alphabetisch aufgeführt. Diese Medikamente sind international bekannt und auch erhältlich.

Wurmbefall

Medikament (Wirkstoff)	mg/ml pro kg Körpergewicht	Applikations-art	Anwendungs-dauer	Krankheiten	Hinweise
Citarin Lsg. 10%	0,5 ml	i.p.	1×	Nematoden	
Droncit	5 mg	oral	1×	Bandwürmer	Bei Bothridium-Befall 5fache Dosis, evtl. wiederholen
Fenbendazol	40–60 mg	oral	1× täglich, 2 Tage	Nematoden, Oxyuren, Ascariden u.a. des Magen-Darm-traktes	Mit wenig Wasser verabreichen, auch über Futter anzubieten
Helmex	15 mg	oral	1× täglich	Ascariden, Hakenwürmer, Oxyuren	Bei schwerem Hakenwurmbefall 3 Tage hintereinander verabreichen
Mebendazol	80–100 mg	oral	1× täglich, 3–5 Tage	Fast alle Nematoden-Arten	3–5 Tage, je nach Befall
Panacur	40–50 mg	oral	1× täglich, 2 Tage	Nematoden des Magen-Darm-traktes	Wirkt nicht bei allen Nematoden (Oxyuren, Ascariden)
Resochin	25–40 mg	oral	1× täglich, 2 Tage	Trematoden	
Telmin KH	100 mg	oral	1× täglich,	Ascariden	evtl. Wiederholung bei positiver Kontrolle
Thiabendazol	40–60 mg	oral	1× täglich, 2 Tage	Ascariden, Oxyuren Trematoden	Nach 14 Tagen eine einmalige Dosis

Bakterielle Erkrankungen

Medikament (Wirkstoff)	mg/ml pro kg Körpergewicht	Applikationsart	Anwendungsdauer	Krankheiten	Hinweise
Aureomycin	30–50 mg	i.m./i.p.	1 × täglich; 3–4 Tage	Mundfäule, Lungenentzündung, Magen-Darmerkrankungen	Kleine Tiere höhere Dosis
Bisolvon	3 mg	i. m.	1 × täglich; 3–6 Tage	Lungenentzündung	0,1 ml/kg Kgw Heparin zur Verhinderung von Fibrinpfröpfen in den Bronchien
Chloromycin	50–60 mg 15–30 mg	oral oral	1 × täglich 1 × täglich 6–8 Tage	Magen-Darmerkrankungen, Lungenentzündung, eitrige Abszesse größerer Art	Am 1. Tag hohe Dosis, ab 2. Tag niedrigere Dosis
Chloramphenicol Spray		äußerlich	2–3 × täglich nach Bedarf	Abszesse nach Spaltung, Ekzeme, eitrige Wunden	Behandlung, bis Wunden verheilt sind
Fucidine Gaze mit 2%iger Salbe		äußerlich	1 × täglich	Äußerliche bakterielle Wunden und Abszesse	Unter Verband, bis Wunden verheilt sind
Gentamycin	10–15 mg	i. m.	1 × täglich 4–7 Tage	Mundfäule und Magen-Darmerkrankungen bakt. Infektionen	Nierentoxisch, nicht über längere Zeit anwenden
Hexoralspray		äußerlich	2 × täglich	Mundschleimhautentzündungen und beginnende Mundfäule	
Nebacitin Augensalbe Scherisona F Augensalbe		äußerlich	1 × täglich	Bakterielle Augenerkrankungen und Entzündungen	Behandlung bis zur vollständigen Ausheilung
Nebacitin Puder, Salbe, Kegel		äußerlich	1 × täglich	Eitrige Wunden und Abszesse nach Wundversorgung, Bißwunden Ekzemen	Behandlung, bis Wunden geschlossen sind. Kegel je nach Größe der Wunde

Bakterielle Erkrankungen

Medikament (Wirkstoff)	mg/ml pro kg Körpergewicht	Applikations-art	Anwendungs-dauer	Krankheiten	Hinweise
Supronal Suspension 20%ig	0,5–1 ml	oral, rektal	1 × täglich, 4–7 Tage	Mundfäule, Magen-Darm-erkrankungen	Einpinseln nach Entfernung der Eiterherde; mehrmals täglich bei Mundfäule
Supronal	0,5 ml	i. m.	1 × täglich, 2–3 Tage	Mundfäule, bakterielle Infektionen	Bei kleinen Tieren oral 0,1 ml/100 ml im Trinkwasser
Terramycin Tetracyclin	40–60 mg	i.m./i.p.	1 × täglich, 3–5 Tage	fast alle bakteriellen Infektionen	Niedrige Dosis bei Neuzugängen; bei Mundfäule in Verbindung mit Vitamin A + evtl. C injizieren

Zur Dosierung: Juvenile Reptilien niedere Dosis
Ältere Reptilien höhere Dosis

Pilzerkrankungen

Medikament (Wirkstoff)	mg/ml pro kg Körpergewicht	Applikations-art	Anwendungs-dauer	Hinweise
Daktar i.v.	1,5 ml	i. p.	1×täglich alle 2 Tage 4–5malig	Anwendung bei Verdacht auf innerlichen Pilzbefall
Daktar i.v.	5 ml auf 1 l	äußerlich	1 × täglich 15 Minuten baden	Bei Schildkröten usw. auf 1 l Badewasser bei großflächigem Pilzbefall
Daktar, Salbe, Puder		äußerlich	1 × täglich	Behandlung bis zur vollständigen Heilung, einreiben oder pudern und trocken halten; bei Pilzbefall der Haut
PH ISO hex		äußerlich	2 × täglich 2–3 Minuten	Bei äußerlichen Pilzerkrankungen lokal einreiben, einige Zeit einwirken lassen und mit klarem Wasser abspülen, Tiere trocken halten. Behandlung bis zur Heilung

Befall mit Einzellern

Medikament (Wirkstoff)	mg/ml pro kg Körpergewicht	Applikations- art	Anwendungs- dauer	Hinweise
Clont (Tabletten)	30–40 mg	oral	1 × täglich, 6–8 Tage	Tabletten in Wasser aufgelöst verab- reichen; bei Enteritis 35 mg/kg Kgw. Ampicillin mit injizieren. Viel Flüssigkeit anbieten
(Zäpfchen)	30–40 mg	kloakal	1 × täglich, 2 Tage	
Resochin	1 ml	i. p.	1 × täglich, 6–8 Tage	Auch bei Amöbiasis, Antibiotika (z. B. Terramycin) mit verabreichen. Nebenwirkung (Erbrechen) beobachtet

Milben- und Zeckenbefall

Medikament (Wirkstoff)	mg/ml pro kg Körpergewicht	Applikations- art	Anwendungs- dauer	Hinweise
Alugan		äußerlich	1 × täglich	0,3%ige Lösung zum Abwaschen der Tiere, nicht nachspülen; behandeln, bis keine Milben mehr vorhanden; ggf. nach 14 Tagen wiederholen
Bolvo Spray		äußerlich	1 × täglich	Gegen die Schuppen einsprühen, Kopf abdecken, um die Augen mit Wattestab abtupfen; Behandlung und Versorgung eitriger Abszesse mit Antibiotikasalben

Sonstige Erkrankungen

Medikament (Wirkstoff)	mg/ml pro kg Körpergewicht	Applikationsart	Anwendungsdauer	Krankheiten	Hinweise
Kamillosan (Konzentrat	jeweilige Verdünnung für Teil- und Vollbäder, Spülungen usw. können vom Beipackzettel übernommen werden.	oral + äußerlich	1 × täglich	Erkältungskrankheiten	Inhalieren, 5 Tropfen/50 ml lauwarmes Wasser
				Verstopfung, Magen-Darm-erkrankungen	
				eitrige Kloakenentzündung und Abszesse	Bäder bis zur Heilung
				Rachen- und Kieferverletzungen	Einpinseln bis zur Heilung
				Häutungsschwierigkeiten an den Augen	Stark verdünnt einpinseln bis zur Heilung
Kamillosan Salbe		äußerlich	1 × täglich	offene Biß- und Kratzwunden, Verletzungen an Gliedmaßen	Behandlung, bis Wunden verheilt sind
Scheroson F		äußerlich	2 × täglich	Bei Verbrennung I. Grades, Ekzemen, Entzündungen bei geschlossenen Brüchen	
Tannalbin (Tabletten)	1/4 Tablette	oral	1–2 × täglich	Bei Durchfall	Futter absetzen
Terramycin Spray		äußerlich	1–3 × täglich	Kleine offene Wunden und Verbrennungen	
Vitamin Paste 100		oral	1 × pro Woche 4 Wochen	Vitaminmangel, Vorbeugung von Vitaminmangelerkrankungen	Ca. erbsengroße Tropfen mit Futter verabreichen, nach 4wöchiger Eingabe 3 Monate pausieren

Sonstige Erkrankungen

Medikament (Wirkstoff)	mg/ml pro kg Körpergewicht	Applikations-art	Anwendungs-dauer	Krankheiten	Hinweise
Kodan Spray		äußerlich	1–2 × täg-lich	zum Desinfizieren von Wunden und Verletzungen	Desinfektions-mittel
Mirfusot Bad		äußerlich	1 × täglich	Erkrankung der Atemwege	Inhalieren, 10 ml/1 l warmes Wasser
Nuran BC forte	2 ml	oral	1 × pro Woche 4 Wochen	Vitaminmangel	Erbsengroße Tropfen mit Futter ver-abreichen, nach 4wöchiger Einnahme 3 Monate pausieren
Osspulvit		oral	2 × pro Woche,	Panzer- und Knochen-erweichung	1 Messerspitze mit Futter verabreichen, nach 2 Wochen 2 Monate absetzen

Erklärung einiger Fachausdrücke

Abdomen Bauch, Unterleib
Abstrich Entnahme von Organmaterial zur medizinischen Untersuchung
Abszeß Eiteransammlung in einer durch krankhafte Vorgänge entstandenen, allseitig abgeschlossenen Höhle des Gewebes
adult erwachsen, geschlechtsreif
Anomalien Unregelmäßigkeiten
Antibiotika Stoffe, die das Wachstum und die Vermehrung von Viren, Bakterien, Pilzen und Einzellern hemmen oder sogar zur Abtötung dieser Organismen führen
Antikoagulanzien gerinnungshemmende Substanzen
Antimycotika Mittel gegen Pilzinfektionen
Apathie Teilnahmslosigkeit
Applikation Verabreichung von Medikamenten
aseptisch keimfrei

Avitaminose Vitaminmangel

Breitbandantibiotika Antibiotika mit breitem Wirkungsfeld

Cestodes Bandwürmer
chronisch sich langsam entwickelnd, langsam verlaufend

Darmresektion Ausschneiden von Darmteilen, um erkrankte Stellen oder Krankheitsherde zu entfernen
Dermatomykosen Pilzerkrankungen der Haut
Diagnose Erkennung und Benennung eines Krankheitsbildes
dorsal zum Rücken liegend, rückseitig

Ekzem juckende Entzündung der oberen Hautschicht mit Schwellung, Pusteln, Knötchen, Bläschen und Borken
Enteritis Dünndarmentzündung
Epidemie Seuche, gehäuftes Auftreten einer bestimmten Infektionskrankheit
Exitus Tod
Exkremente Kot- und Harnausscheidungen
Extremitäten Gliedmaßen (Arme und Beine)

fermentativ durch notwendige Stoffe hervorgerufener Stoffwechsel
Fibrin eiweißhaltiger Stoff im Blut, der die Blutgerinnung bewirkt
Filarien Fadenwürmer
Fraktur Knochenbruch

Gastritis Magenschleimhautentzündung
Genese Entstehung, Ursache einer Krankheit
Granulom durch Erreger von Infektionskrankheiten hervorgerufene geschwulstähnliche Neubildung

Hemipenis bei vielen Reptilien vorhandene 2 Penise (zur Kopulation wird aber nur einer eingesetzt)
Histologie Lehre von den Geweben des Körpers
Hydatiden mit Flüssigkeit gefüllte Blasen (durch Bandwurmlarven hervorgerufen)
Hypervitaminose Erkrankung, durch eine Überdosierung von Vitaminen hervorgerufen

i.m. (intramuskulär) in den Muskel injizieren
immun unempfänglich
Indikation Umstände und Gründe, die zu einer Heilmaßnahme führen
Insektizide Insektenvertilgungsmittel
Intoxikation Vergiftung
i.p. (intraperitoneal) in die Bauchhöhle injizieren

juvenil jugendlich

Kapillare Haargefäße, die kleinsten Blutgefäße
Karzinom bösartige Geschwulst, Krebs

Konsistenz Grad der Festigkeit (z. B. hart, weich) eines Stoffes

Läsion Verletzung, Störung, Schädigung
latent verborgen, versteckt, ohne Symptome verlaufend

Melanom an der Haut vorkommende Geschwulst, die von den Pigmentzellen ausgeht
Mykosen durch Pilze hervorgerufene Krankheiten
Mortalität Sterblichkeit

Nekrosen Absterben von Gewebe- oder Organteilen
nephrotoxisch Bezeichnung für Stoffe, die die Nieren schädigen

Ödem durch Ansammlung wäßriger Flüssigkeit hervorgerufene Schwellung in den Gewebespalten der Haut oder der Schleimhäute
oral durch den Mund aufnehmen
ovipar eierlegend

parasitär durch Parasiten entstanden
pathogen krankmachend
Pneumonie Lungenentzündung
primär zuerst vorhanden
Prolaps Vorfall eines Organes
Punktion Entleerung von Flüssigkeitsansammlungen aus Körperhöhlen zu diagnostischen oder behandelnden Zwecken

Rachitis durch Vitaminmangel oder Stoffwechselleiden verursachte Knochenveränderungen und -erkrankungen (auch Verdauungsstörungen)
rektal zum Enddarm gehörend
reponieren zurückbringen, wiederherstellen
Resektion teilweises Entfernen erkrankter Organteile
resorbieren aufsaugen, aufnehmen von Stoffen durch die Haut oder die Schleimhaut in Blut- und Lymphbahn

Sektion Leichenöffnung zur Feststellung der Todesursache
sensibel empfindlich
Sepsis Blutvergiftung
Septum Scheidewand
subkutan unter die Haut
Symptome Krankheitszeichen

Toxin Giftstoff

Ulcus Geschwür, Entzündung

vivipar lebendgebärend

Zilien Wimpern
Zyste eingekapselte, sackartige Geschwulst mit dünn- oder dickflüssigem Inhalt

Terrarienkundliche Vereinigungen

DGHT
Deutsche Gesellschaft für Herpetologie und Terrarienkunde e.V.
Senckenberganlage 25
6000 Frankfurt a. M.

Lacerta
Nederlandse Vereniging voor Herpeto-
logie en Terrariumkunde
O. H. Blaauw
Biltstraat 146
NL-Utrecht

SEH
Societas Europaea Herpetologica
Naturhistorisches Museum
Postfach 417
A-1014 Wien

Zeitschriften

Das Aquarium
Schmettkamp-Verlag, Bornheim

DATZ
Ulmer-Verlag, Stuttgart

Herpetofauna
Herpetofauna Verlags GmbH.,
Weinstadt

Lacerta
Zeitschrift der Niederländischen Verei-
nigung für Herpetologie und Terrarienkunde, Utrecht

Salamandra
Zeitschrift für Herpetologie und Terra-
rienkunde
DGHT, Bonn

Literaturhinweise

ARNOLD, E. N., J. A. BURTON: Pareys Reptilien- und Amphibienführer. Paul Parey Verlag Hamburg — Berlin, 1979

BÖHME, W.: Handbuch der Reptilien und Amphibien Europas (Bd. 1). Akademische Verlagsgesellschaft Wiesbaden, 1981

FRANK, W.: Parasitologie. Eugen Ulmer Verlag Stuttgart, 1976

FRIEDERICH, U., W. VOLLAND: Futtertierzucht. Eugen Ulmer Verlag Stuttgart, 1981

GRIEHL, K.: Schlangen. Gräfe und Unzer Verlag München, 1982

KAHL, GAUPP, SCHMIDT: Das Terrarium. Falken Verlag Niedernhausen, 1981

KLINGELHÖFFER, W.: Terrarienkunde (Bd. 1—4). Alfred Kernen Verlag Stuttgart, 1955—1959

KLÖS, H.-G., E. M. LANG: Zootierkrankheiten. Paul Parey Verlag Berlin — Hamburg, 1976

KÜKENTHAL-MATTHES, RENNER: Zoologisches Praktikum. Gustav Fischer Verlag Stuttgart, 1971

MARCUS, LEONARD C.: Amphibien und Reptilien in Heim, Labor und Zoo. Ferdinand Enke Verlag Stuttgart, 1983

NIETZKE, G.: Terrarientiere 1 und 2. Eugen Ulmer Verlag Stuttgart, 1978

OBST, F. J.: Schildkröten. Neumann-Neudamm Verlag Leipzig, 1980

PSCHYREMBEL, W.: Klinisches Wörterbuch. Walter de Gruyter Berlin, 1982

REICHENBACH-KLINKE, H. H.: Krankheiten der Reptilien. Gustav Fischer Verlag Stuttgart, 1977

SCHMIDT, D.: Schlangen im Terrarium. Neumann-Neudamm Verlag Leipzig, 1979

SCHMIDT, D.: Echsen im Terrarium. Neumann-Neudamm Verlag Leipzig, 1981

STETTLER, P. H.: Handbuch der Terrarienkunde. Kosmos-Verlag Stuttgart, 1981

TRUTNAU, L.: Europäische Amphibien und Reptilien. Belser Verlag Stuttgart, 1975

TRUTNAU, L.: Schlangen (Bd. 1). Eugen Ulmer Verlag Stuttgart, 1979

TRUTNAU, L.: Schlangen (Bd. 2). Eugen Ulmer Verlag Stuttgart, 1982

WILKE, H.: Schildkröten. Gräfe und Unzer Verlag München, 1979

Register (Halbfette Seitenzahlen verweisen auf Abbildungen)